Madeleine MICHÈLE

L'INCONNUE DU 32

Roman

Édition : BoD – Books on Demand, info@bod.fr
Impression : BoD – Books on Demand, In de Tarpen 42,
Norderstedt (Allemagne)
Impression à la demande
ISBN : 978-2-3225-4162-1
Dépôt légal : Juillet 2024

PREMIERE PARTIE

CHAPITRE   I

L ' INCONNUE DU 32

Est-ce un rêve ou la réalité, une histoire à la fois bouleversante, dramatique et pourtant si belle m'est apparue aujourd'hui.

C'était le jour J, un jour inoubliable, un de ces matins d'hiver de février 1937 à Paris. On était en fin de matinée malgré ce vent glacial et quelques flocons de neige çà et là il faisait beau, mon regard fut attiré par une jeune femme.

Je la vois sortir d'un établissement d'apparence vétuste datant probablement de plusieurs dizaines années, cela ressemble plutôt à une maison particulier car il n'y a qu'un seul étage garni de petites fenêtres dont l'intérieur est dissimulé par de gros rideaux sombres et épais.

Un établissement propice me semble t-il à la discrétion des habitants peu fortunés de ce quartier populaire du dix huitième arrondissement. Généralement cette rue est très animée, mais ce jour là elle était plutôt calme, sans doute à cause de ce froid polaire. Je la vis sortir tout en levant les yeux il n'y avait rien que ce numéro 32.

Elle avait un comportement bizarre longeant les murs, avec l'air de quelqu'un qui a peur, mais quand même marchait d'un pas décidé malgré le froid qui la transperçait des pieds à la tête. On entrevoyait une partie de son visage caché par le grand col de son manteau bleu nuit en laine, qui semblait de belle qualité. Elle baissait la tête tout en marchant, faisant apparaître sa belle chevelure ébène qui ondulait et dont quelques mèches sortaient de ce petit bibi en feutre de couleur gris souris, comme le temps qui venait tout d'un coup de s'assombrir, qui lui allait à merveille, posé joliment sur le sommet de son joli visage.

Intriguée par son comportement insolite, elle paraissait très jeune, environ une vingtaine d'années. Son visage encore juvénile était inquiet, me faisait penser à un enfant pris en faute et qui a peur de se faire gronder.

Elle marchait vite sans doute à cause du froid ou parce qu'elle avait peur de quelque chose. Ses grands yeux couleur pain d'épice, comme le ciel après un orage, dont on devinait ravagé par les pleurs. Elle avait une tenue vestimentaire très sobre mais de belle coupe, qui semblait venir d'un bon couturier. Ses mains portaient des mitaines en laine, qu'elle dissimulaient dans un immense châle, de couleur safran comme les blés mûrs, qu'elle portait nonchalamment sur son manteau, complétait sa tenue.

Elle est très belle, un visage d'ange, une frimousse d'enfant gâtée, avec ce petit nez mutin légèrement retroussé lui donnait un air rieur, ce qui n'était pourtant pas le cas, elle semblait si triste et désemparée. Elle portait très bien la toilette, d'une élégance raffinée avec un port de tête magnifique, et par cette démarche presque aérienne, tout me faisait penser à une jeune fille de bonne famille, soumise et convenable.

Elle semblait porter un paquet qu'elle serrait fortement contre sa poitrine, elle marchait rapidement sans se retourner, ne semblait rien voir autour d'elle, malgré les gens qui la bousculaient, elle était ailleurs.

Elle semblait vulnérable à cause de sa petite taille, si frêle et si fragile. Tout d'un coup, elle s'arrêta, eu une hésitation comme si elle allait faire demi tour, puis se ravisa et repris son chemin. Cette jeune femme je ne sais pas qui elle est, je ne la connais pas et pourtant il me semble que je sais tout d'elle. Je sais qui elle est, cependant elle est là avec moi, chaque jour, à chaque minute, je la voie, je la sens, elle m'accompagne partout, j'ai même son odeur avec moi, je lui parle, elle fait partie de moi.

Je voudrais aller de l'autre coté du miroir, là où elle est, il me paraît plus doux, plus serein, où il y a amour, tendresse, joie et bonheur, plus affectueux que le monde si triste où je vis, pleins de questions sans réponse, fait de haine, de méchanceté, de peur, face à des gens dit "normaux".

Elle aussi, je le sais, pense à moi également secrètement sans dire mot à personne, c'est un secret entre nous, qu'il ne faut pas dévoiler sous peine de sanctions très cruelles, elle pleure en silence, mais un jour on se retrouvera, j'ai toujours l'impression qu'au coin d'une rue, je vais la voir et qu'elle me dira :

"Me voilà je suis là, je t'attends"

Cette jeune femme hante mes pensées jour et nuit, j'aimerai prendre un peu de distance avec elle, car elle m'obsède sans arrêt, mais je ne peux pas lutter, elle est près de moi, quoique je fasse.

Mais d'où vient t-elle ? Où va t-elle ?

Je vois quelques larmes coulées sur ses joues, mon subconscient me dit que quelque chose de grave va arriver ! C'est un ordre et elle doit le faire quoiqu'il lui en coûte. L'honneur de la famille en dépend, la décision est irrévocable, elle le sait et elle ne pourra plus revenir en arrière, mais elle doit obéir.

CHAPITRE II

L' ABANDON

Je la suis, je veux voir où elle va tout en sachant bien ce qu'elle va faire, elle cherche un numéro une adresse qu'on lui a donné et puis s'arrête devant un grand immeuble de 5 a 6 étages, cossu, ça ressemble à une administration. Effectivement, une pancarte affiche une inscription "Assistante Publique de Paris"

Mais elle ne rentre pas de suite, elle reste figée sur place un bon moment, va t-elle se rétracter ? Puis elle regarde le paquet qu'elle a dans les bras et pleure, il faut y aller.
Elle doit le faire pour son honneur et l'honneur de la famille.

Elle est rentrée.

Elle l'a fait, elle a accompli l'irréparable !

Voilà c'est fini, je ne la reverrai plus jamais !!! Elle m'a effacée comme un coup de crayon que l'on efface avec une gomme, comme si je n'avais jamais existé, mon destin bascula d'un coup de baguette magique, je n'existais plus, je n'avais jamais existé.

Elle a pourtant hésiter 8 longs jours avant d'accepter de prendre cette épouvantable décision, la pression de son entourage ne lui laissait pas le choix, la culpabilité était trop forte pour reculer, il fallait effacer la faute, comme si rien n'avait existé, pour se faire pardonner.

Il était 11h15, ce premier jour de février, elle a accompli dans la douleur ce qu'on lui demandait de faire, m'abandonner. Le couperet tombe, la sentence est exécutée, je fais partie désormais de cette grande famille des gamines de l'Assistance Publique.

Je fus de suite classée dans la catégorie "T" ce qui veut dire trouvé, cela n'indique pas matériellement trouvé, mais seulement que la filiation est inconnue. Les liens avec ma famille en particulière avec ma mère étaient définitivement rompus à tout jamais.
Ce sont des étrangers qui dorénavant allaient décider ce qui serait bon pour moi, mon avis n'avait aucune importance. Ces gens décident pour l'enfant ce qu'ils pensent être bien pour lui, mais c'est ce qu'il aurait souhaité ? Où sont les droits de l'enfant ? Complètement bafoués ! Ballotté comme un fétu de paille sans tenir compte de son envie, c'est lamentable.

A partir de cet instant, j'étais devenue un objet, une marchandise, fichée. J'étais devenue une chose insignifiante, comme un animal j'étais marqué au fer rouge avec ce numéro 250818 qui me colle à la peau, que je n'oublierai jamais. Cela me fait penser à ces pauvres bêtes que l'on emmène aux abattoirs et qui hurlent à la mort avant d'être abattus, ou encore aux déportés de la deuxième guerre mondiale que l'on conduisaient dans les camps de la mort. Je pense que c'est exactement ce qui s'est passé lorsque ma mère m'a emmené à l'Hospice Saint Vincent de Paul, ce premier février 1937, où l'on m'a affublé de ces deux prénoms ridicule Madeleine MICHÈLE.

Un semblant d'identité, complètement fausse que j'ai enduré toute ma vie, que l'on m'a forcé à épeler toute mon enfance à chaque rentrée scolaires.

Un vrai faux.

D'après le rapport de l'administration, elle était dévastée, méconnaissable. De grosses larmes coulaient sur ses joues creusées par la douleur, consciente de ce qu'elle venait d'accomplir, elle se trouvait malgré les circonstances, aucune excuse valable.

La vie malgré tout continua, mais comment vivre avec ce si lourd secret, arriver à le digérer et oublier ou plutôt essayer d'oublier la double faute, plus rien ne serait comme avant.

Elle essayait de se consoler en se disant que je serais recueillie dans une famille aimante et plus heureuse qu'avec elle.
Ce terrible secret qu'il va falloir garder au fond de son cœur, comment peut-on ne pas y penser à chaque anniversaire, comment ne pas essayer de savoir ce qu'est devenu son enfant ?
C'est après son acte je pense que Madeleine a pris toute la dimension de ce qu'elle avait fait et les conséquences qui s'en sont suivies, les remords, les regrets de son geste accompli dans un moment de panique.

La faute en outre est indélébile et irréparable pour une jeune fille de cette époque, soumise et bien élevée, elle réalisait que le plus dur était à venir.

Elle a pourtant bien lutté de toutes ses forces pour désobéir, il y a eu des pleurs, des cris, pendant ces 8 longs jours, mais la faute était trop lourde et les contraintes trop fortes, il fallait sauver les apparences, l'honneur de la famille en dépendait. Mais comment vivre seule à Paris, avec un enfant à charge en cette période trouble sans aucune aide de l'état ni des parents lorsqu'on a 22 ans !

Cependant, quoiqu'elle fasse, elle savait qu'elle n'obtiendrait jamais le pardon, c'était le prix à payer.

Anéantie par la douleur, et la pression de son entourage, en fille soumise il n'était pas question de passer outre.

Elle m'a abandonnée, contrainte et forcée contre son gré, mais elle l'a fait.

Forcée par quelqu'un, mais qui ?
Mystère ! Je voudrais savoir, car selon les circonstances, je pourrais peut être lui pardonner ou la condamner.

Un secret bien ficelé pour dissimuler la grossesse auprès de l'entourage et sauver les apparences, choisir le lieu de l'accouchement, choisi par qui ? Une de ces adresses très répandues dans ces années là, à l'abri des regards, spécialisés pour préserver l'anonymat, surtout pas à l'hôpital. Ce fut le domicile d'une sage femme libérale qui fut choisi, dans le quartier populaire du dix huitième arrondissement.

Je me demande encore aujourd'hui, comment peut-on vivre avec un si lourd secret toute sa vie, sans en toucher mot à qui que ce soit ? La honte sans doute, mais aussi la culpabilité a dû l'empêcher de vivre normalement, car on ne fait pas ce geste à mon avis sans en subir de grosses blessures irréversibles.
La libération des femmes était encore loin d'être arrivée.

Ce qui m'a intrigué davantage plus tard, pourquoi mes grands parents même s'ils ont renié leur fille comme je le pense, pourquoi n'ont-ils pas essayé de me reprendre ?

J'étais pourtant très mignonne avec cette touffe de cheveux noirs, j'avais un petit nez légèrement retroussé mais rien n'y a fait, je n'ai pas réussi à la séduire. Elle n'a pas voulu de moi.

La période qui suivie est apparentée à un grand trou noir, le néant, une chape de plomb m'envahit, tout est gris et sombre autour de moi. Je vois un immense précipice béant, qui me fait signe, j'ai envie de m'approcher, il m'attire, j'ai envie de tomber dedans pour ne plus rien voir et pour oublier ce que je viens de vivre. Je la cherche mais je ne la vois plus, elle a disparue de mon horizon comme elle était venue, elle est repartie dans le brouillard comme un fantôme, comme si elle n'avait jamais existé. J'avais l'impression de vivre un cauchemar, que j'allais me réveiller, elle n'est plus là.

Il me semblait pourtant qu'un lien indestructible nous liait ? Mais non, je n'avais pas le droit au bonheur d'être aimée davantage, il fallait effacer le fruit du péché, j'étais l'objet du malheur, l'enfant de la honte.

Cette petite fille avant de naître rejetée par sa mère et toute la famille est née tant bien que mal prématurément, accusant déjà par le rejet sa différence et le montrant par le refus d'aller à son terme, comme une enfant non finie, non terminée, comme si elle ne voulait pas affronter ce qui allait lui arriver, elle était si petite, presque dégénérée, disons déjà "anormale".

Une enfant "débile", c'est le terme employé par l'Assistance publique, non pas pour dire folle, mais enfant fragile, de faible constitution, qu'on ondoyait en urgence de peur d'un décès.

Les conséquences physiques, mais aussi psychiques beaucoup plus graves sont apparues rapidement par la suite dans mon enfance. Le traumatisme était si grand, foudroyant et inattendu, que des crises d'angoisses à répétition, d'asthme, des étouffements, des bronchites, des otites étaient journalières. Puis il s'est passé une chose étonnante, mon corps a continué à réagir brutalement à l'absence de ma mère.

Il m'a fait comprendre ma détresse, comme une plante qui ne pousse plus. Au lieu de m'épanouir j'étais entrain de dépérir en refusant de vivre, tout mon être s'est mis en hibernation, endormi, un arrêt total, comme s'il était mort, je ne grandissais plus. Il ne voulait plus vivre sans elle. Je suis restée anormalement très petite, la taille d'une naine, environ 1m 43 à l'âge adulte, ce qui me mettait en permanence en état d'infériorité, j'étais hors normes. Il manquait une partie de moi même, j'étais comme amputée, comme une plante. Je dépérissais inconsciemment je sentais bien que ma mère n'était plus là.

Le traumatisme pour un petit enfant à la naissance, restera gravé tout au long de sa vie, des dommages irréversibles subis par un nouveau né ne s'oublient jamais, même si inconsciemment il ne s'en rend pas compte, la toute petite enfance est capitale pour lui, c'est la base de sa vie future et si les fondations ne sont pas solides, il ne s'en remettra jamais.

En réalité je ne devais pas vivre et je le faisais savoir.

Ces complications ont été le lot de toute ma jeunesse et encore à ce jour, le traumatisme est toujours présent.

Rêve ou réalité ?

L'imaginaire a parfois une place prépondérante, mon subconscient a vu cette si jolie jeune fille commettre l'horreur et a compris que mon avenir appartiendrait à partir de ce jour à des inconnus.

Je me retrouvais seule au monde, avec des étrangers. Il allait falloir être sage, les câlins n'étaient pas au programme, un grand froid m'envahit, je savais que je ne la reverrais plus, c'était fini.

Le passage à la couveuse obligatoire à cause de ma fragilité, puis à la pouponnière. Dans cet établissement de nombreuses femmes bénévoles étaient chargées d'allaiter les nourrissons. On m'avait attribué une jeune femme qui avait environ l'âge de ma mère qui venait de mettre au monde une petite fille. Elle donnait donc son lait pour nous deux je pense, mais pas le temps de me garder dans ses bras, ni de me parler ou de me câliner, beaucoup trop de travail. Les règles étaient très strictes, il n'était pas question d'effusions, les attachements étaient totalement proscris.

L'année suivante l'on m'envoya chez une nourrice professionnelle en banlieue parisienne, en vue d'une adoption, cette femme s'occupait en même temps de deux ou trois autres nouveaux nés, ce surcroît de travail à plein temps ne lui laissait pas le temps à se laisser aller à quelques tendresses ou câlineries ou même sourires, encore moins de m'apprendre à marcher, puisqu'à 21 mois je ne tenais toujours pas debout.

Quant à ma mère qu'est-elle devenue après ce drame ?

Qu'a t-elle fait de sa vie ?

CHAPITRE III

1936

Pourtant, ce devait être une belle histoire, lorsqu'à ce bal populaire sur la grand place de la mairie du 18ème arrondissement, en 1936, elle rencontra ce beau jeune homme, beau comme un Dieu. Ce fut le coup de foudre immédiat, très brun les cheveux noirs comme le jais, très bien coiffé et habillé d'un costume tout neuf de couleur sombre et sobre. Il était très élégant et si beau, des yeux de velours très expressifs couleur de braise, la peau légèrement mat, il s'appelait Paul. Il venait comme elle d'arriver à Paris quelques années plus tôt. D'origine arménienne, il était réfugié en France après le génocide, un enfant traumatisé par cette épouvantable et horrible guerre dont il a perdu et vu ses parents violés et tués sous ses yeux. Je n'ose imaginer le traumatisme de cet enfant qui avait 5 ans. C'est horrible, autant de violences c'est atroce, on ne peut sortir indemne de ce cauchemar, c'est inhumain.

1936, l'année des congés payés !
C'était pour tout le monde une liesse générale, une joie totale, une innovation sociale majeure, les français aller pouvoir partir en vacances !
Un déferlement inimaginable, les trains bondés, avec de monstrueuses bousculades, les voyages se faisaient dans des conditions difficiles, mais le bonheur était là, rien ne pouvait les arrêter. Le rêve devenait réalité, les cartes postales peuvent en témoigner.

"J'ai vu la mer !"
"Je me suis baigné !"
"J'ai vu les bateaux !"

C'était un émerveillement, un véritable enchantement, on riait et pleurait en même temps tellement on était heureux, les femmes s'émancipaient. A cette occasion de nombreuse fêtes avaient lieu un peu partout, on se réunissait et surtout on allait pouvoir voyager et se laisser aller à des débordements, oublier tous ses soucis.
Il était fréquent à cette époque de se faire compter fleurette, souvent des aventures sans lendemain.

Madeleine c'est le prénom de ma mère, nageait dans le bonheur. Son amoureux, à cause de ces événements dramatiques qu'il a subi dans son enfance, ne maîtrisait pas bien la langue de Molière. C'était assez difficile pour lui, de même que trouver un travail pour les mêmes raisons il se trouvait dans des conditions précaires.

Afin de subvenir à ses besoins, Paul n'avait pas beaucoup de solution. Il commença à fréquenter, ce qui est logique, des personnes dans les mêmes situations que lui, qui pour s'en sortir essayaient de revendre sur les marchés des corsets ou vêtements qu'ils trouvaient ici ou là.. Il a fait aussi beaucoup de petits boulots qui ne lui rapportait que de maigres revenus, exploité en tant que réfugié, mais aussi à cause de la langue.

Il faut savoir qu'en 1937, il n'existait aucune aide de l'état, tout réfugié devait se débrouiller seul pour survivre.

Alors, ce qu'il devait arrivé, arriva. le mauvais sort continua à s'acharner sur eux.

Il s'est passé une véritable tragédie, une coïncidence dramatique, incroyable, puisque cela s'est déroulé juste 3 jours avant ma naissance soit le 21 janvère. Paul se fait arrêter par la police pour un vol de corset dans une automobile, ils étaient trois, les deux autres complices étaient des récidivistes et ce sont eux qui l'ont entraîné dans cette galère. Une catastrophe épouvantable qui changea le cours de leur destin à tous les deux.

Ce n'était pourtant qu'un tout petit délit mineur, dont on ne fait même plus attention aujourd'hui et qui n'amène aucune sanction de nos jours, tant cela est quotidien, courant et banal de se faire dépouiller d'un si petits larcins.

Mais en 1937 ce n'était pas le cas, c'était très grave, à tel point qu'on se faisait expulser en tant que réfugié.

Les règles en France étaient très strictes pour ces pauvres réfugiés, ils devaient se conduire de façon irréprochable. Afin d'éviter l'expulsion, c'est ce qu'il devait se passer pour ce beau Paul, l'expulsion juste pour un délit mineur, un vol de corset.

Pour échapper à cette terrible sanction, il a trouvé qu'une seule solution s'engager dans l'armée pour ne pas être obligé de quitter la France qu'il adorait.

Des conséquences désastreuses pour Madeleine, le lien fut rompu brutalement, elle se retrouva complètement abandonnée du jour au lendemain par son amoureux et à la fois reniée et rejetée par toute sa famille à cause de sa faute.

Je suppose que c'est à ce moment là,, trois jours avant de me mettre au monde, qu'elle prit la décision de commettre l'irréparable.

Madeleine ne s'est jamais remise de cette rupture et n'a jamais obtenu le pardon de ses parents pour avoir déshonoré la famille.

DEUXIEME PARTIE

CHAPITRE IV

MA VRAIE MAMAN

Moi aussi comme ma mère, je me suis retrouvée toute seule, parachutée dans ce petit village du Pas de Calais de 800 âmes. Je ne le savais pas encore, mais je venais d'hériter de la plus belle et la plus généreuse des mamans. Une maman qui m'a choyée, dorlotée, ma vraie maman qui m'a élevée avec tant d'amour, une mère poule toujours attentionnée au moindre de mes désirs, qui a marqué de son empreinte toute ma vie.

Elle s'appelait Hélène, un si joli prénom qui résonne encore à mes oreilles comme une douce mélodie et me procure toujours le bonheur et la sérénité.

J'avais trouvé une Maman, une vraie Maman, la chance enfin me souriait !

Elle avait été dans sa jeunesse une très belle femme, avec ce visage de Madone si doux, qui reflétait bien toute sa bonté. Sa chevelure opulente très brune ondulée sur ses épaules, faisaient ressortir son teint de porcelaine et surtout des yeux bleus magnifiques couleur myosotis. Ce qui m'a toujours surprise c'est qu'on avait le même nez légèrement retroussé, mais la comparaison s'arrêtait là, car ma pauvre maman avait déjà 54 ans, des cheveux blancs, elle avait l'âge qu'aurait pu avoir ma grand mère.

Elle qui avait été très coquette dans sa jeunesse, je ne l'ai connu qu'avec de vieux vêtements, des habits de vieux, une grande blouse recouverte en plus d'un tablier et elle avait perdu ses dents.

Je lui disais :

" Pourquoi ne mets tu pas ton dentier avec une dent en or"

C'est ce qui se faisait à l'époque

Alors elle me répondait :

" Ça me donne mal au cœur"

Par contre elle mettait quand même tous les jours, jusqu'à un âge avancé, sur son visage de la crème "Tokalon".

Elle s'est retrouvée veuve pour la seconde fois après son deuxième mariage. Elle qui adorait les enfants et ne pouvait pas en avoir. J'ai eu énormément de chance que le destin l'ai choisie.
C'était une femme exceptionnelle, d'une générosité hors du commun. Elle m'a appris les vraies valeurs c'est grâce à elle, à l'éducation sévère qu'elle m'a donné que je n'ai pas, comme on dit, "mal tourné".

Je ne pourrais jamais oublier cette femme, elle s'est sacrifiée toute sa vie pour moi. Je me suis rendu compte après sa mort seulement combien je l'avais aimé sans jamais le lui dire. Elle avait une emprise sur moi, elle m'a façonnée à son image et moi qui ait du "caractère", j'étais soumise comme un bébé devant elle. Elle m'avait couvée comme une poule sur son nid. Elle avait toujours peur de tout pour moi, que j'attrape froid, que je tombe malade. Il est vrai que j'étais de santé délicate, la gorge et les bronches très fragiles, faisant des angines et bronchites à répétition, peur que je ne mange pas assez, et surtout peur par la suite que je fasse de mauvaises rencontres.

Ma mère apparemment m'avait donné son prénom et c'est tout. Le second prénom était MICHELE avec un E qu'on m'attribua comme le nom de famille. Maman n'a jamais voulu m'appeler Madeleine, elle le trouvait pas à son goût et l'on m'a toujours appelé Michèle.

Ma santé à donner beaucoup de soucis à maman. J'étais née prématurée avec 2 kg 300 sans savoir la date exactement annoncée dans mes documents administratifs. Les premières années furent difficiles pour maman. J'avais suite à ce traumatisme très sévère, de fortes crises d'asthme qui m'étouffaient. Maman devait laisser la fenêtre ouverte toute la nuit pour que je puisse respirer.

Le médecin dit à maman :

" Cette petite ne vivra pas, elle file un mauvais coton"

Il était prévu que l'on m'emmène à Berk, mais avec tant d'amour et de soins quotidiens, ma santé s'est améliorée.

Chez maman, dans ma petite enfance, après la guerre, il y avait tous ces interdits que j'acceptais de bonne grâce. Il m'a toujours été interdit de sortir avec une copine, encore moins d'aller au cinéma, tout était chronométré à la minute près.
Interdiction d'avoir du retard lorsque je prenais le train en revenant du collège. Je n'aurais jamais osé demander à maman de sortir, cela ne me manquait pas car je ne connaissais rien d'autre, je ne connaissais rien du monde extérieur, mais je rêvais quand même sans arrêt à une vie beaucoup plus gaie.

J'étais toujours très triste, des journées entières sans parler, sans rire, j'étais seule avec maman, seule avec toutes mes pensées dont je ne voulais pas en parler avec maman, je ne voulais pas lui faire de peine. Je gardais donc toutes ces questions dans mon cerveau. Je rêvais d'une autre vie, les journées ressemblaient à des semaines, il ne se passait jamais rien, d'autant plus qu'on habitait la dernière maison de ce petit village très retiré d'une agglomération, tellement isolé, c'était une voie sans issue, il n'y avait plus rien après que cette magnifique forêt.

Le temps s'écoulait jour après jour, tellement monotone, toujours pareil, on ne recevait jamais personne.

Maman avait 54 ans j'avais 22 mois lorsque je suis arrivé chez elle. A cette époque la maison était plus gaie il y avait du monde. Il y avait Anno, la maman de maman, elle avait eu 11 enfants, et n'a pas voulu finir ses jours ailleurs que chez sa fille Hélène. J'ai de vagues souvenirs de cette femme au visage très doux, coiffée d'un chignon de cheveux blancs, elle respirait la bonté et la sérénité. Toujours vêtue de noir, elle passait ses journées assise dans ce grand fauteuil de velours frappé de couleur pain brûlé. Ses conseils étaient très écoutés, elle symbolisait la sagesse, elle m'adorait et me faisait sauter sur ses genoux.

Il y avait aussi la tante Jeanne, la sœur de Maman, qui était venue avec son mari Félix se réfugier à la maison. Elle chantait toute la journée, elle était très gaie, toujours prête à faire un bon mot, elle amenait la joie dans la maison. Malheureusement ce fut de courte durée, elle est décédée peu après, maman a continué à héberger son époux même après sa mort.

La porte était toujours grande ouverte, c'était la maison du Bon Dieu.

Ma maman malgré son âge avancé et malgré cette famille nombreuse très pauvre, semblait vraiment sortir du lot par ses connaissances.

Elle n'avait pourtant pas eu d'instruction, elle écrivait sans faute d'orthographe et possédait un vocabulaire riche et varié. Dans sa jeunesse elle a été petite main, puis elle a tenu un petit commerce d'articles de Paris. Je me souviens qu'elle me disait aller chercher de la marchandise à Berbères et Port-Vendres à la frontière Espagnole.

Elle avait même rencontré un bel hidalgo qui voulait l'épouser, mais elle a refusé à cause de sa mère dont elle avait la charge.

Elle avait beaucoup de caractère et savait ce qu'elle voulait, elle s'est mariée ensuite avec deux cultivateurs qui malheureusement n'ont pas survécus. Le travail ne lui faisait pas peur car après le décès de ses époux, qu'elle a soigné des années, le premier mort de tuberculose et le second de crise d'urémie, elle a dirigé la ferme toute seule, elle travaillait comme un homme, c'était une battante.

Juste avant mon arrivée elle décida de louer sa ferme et construisit sur son terrain une petite maisonnette, c'est la que j'ai vécu toute mon enfance.

Une jolie petite bâtisse, avec un garage, car maman, c'était exceptionnel à cette époque, conduisait seule sa voiture une Citroën C4. C'était une petite maison toute simple avec tout le confort qu'on pouvait prétendre à cette époque, naturellement pas d'eau chaude, pas de douche, on devait se laver dans un petit lavabo de l'arrière cuisine. Comme chauffage une belle cuisinière bleu turquoise et un petit Godin faisait l'affaire. Les W.C étaient à l'extérieur. Une seule chambre, je dormais dans un petit lit en fer et maman dans un grand lit face à moi, une salle à manger, une cuisine et arrière cuisine et un grenier complétaient cette demeure.

Sur le côté de la maison il y avait un potager, dans l'allée centrale des groseilles à maquereaux que j'adorais, des légumes, des pomme de terre que les doryphores dévoraient, ce qui avait le don d'exaspérer maman. Je l'entendais quelques fois se lever aux aurore pour aller bécher son jardin. Sur le devant de la maison un petit parterre de fleurs et de rosiers, mais ce que je préférais, s'étaient les magnifiques pivoines d'un rouge sang très jolies.

Et à l'arrière de ce modeste logis, un petit espace avec des cabanes à lapins et un poulailler. Nous allions dans la forêt voisine à deux pas de la maison avec une faucille pour ramasser l'herbe pour les lapins et aussi du bois mort pour se chauffer, le charbon était très cher.

En contrebas une ravissante petite rivière coulait doucement en serpentant à travers les pâturages, C'est la que j'allais souvent me réfugier quand j'étais petite, pour voir les hannetons, j'étais fascinée par leur vol. De célestes libellules de toutes les couleurs aux ailes d'un bleu profond tournoyaient au fil de l'eau ainsi que des papillons multicolores. Je rêvais à ma mère et je la voyais comme dans un rêve, je l'idéalisais. Elle m'apparaissait tellement belle, très douce, je savais qu'elle pensait à moi, j'étais certaine qu'elle allait venir me chercher. Mais ces pensées étaient secrètes comme si c'était mal de même y penser, je sentais que je ne devais pas en parler, je me sentais coupable d'avoir ces envies et je refoulais mes désirs au plus profond de moi. Je n'en parlais à personne, même pas à Huguette la petite fille que maman a élevée aussi quelques années plus tard avec moi, elle n'a jamais su que je pensais tant à ma mère.

Malgré son bien, sa petite ferme, ses revenus étaient très restreints, insuffisants. Elle tricotait de temps en temps pour des gens du village, nous vivions chichement, elle se privait toujours pour me le donner il fallait que je ne manque de rien.

CHAPITRE V

L' EXODE

Pendant la guerre, maman n'est jamais restée inactive, tout d'abord elle a voulu fuir avec sa voiture Citroën de couleur bleue pétrole, pour aller rejoindre Paris avec la tante Jeanne et Félix son époux, mais on lui a dit de faire demi-tour, elle allait au devant des Allemands, retour donc à la case départ.

Elle servait aussi de taxi pour emmener des malades à l'hôpital et à pris soin d'une petite fille qui devait avoir probablement mon âge. Elle s'appelait Marie Claire Sardoin, ses parents l'avait confié à maman un certain temps pour échapper aux Allemands. Je ne l'ai jamais retrouvé par la suite, je ne sais pas ce qu'elle est devenue.

Je me rappelle également d'une autre petite fille confiée à maman à cause de la guerre, malheureusement elle est décédée très rapidement.

Elle m'a parlé aussi de ces soldats réfugies dans la forêt voisine, elle leur portait à la nuit tombée de la nourriture et de la soupe pour les nourrir et les réconforter.

Avant la guerre, dans le village, il y avait beaucoup d'enfants de l'Assistance publique.

Il y avait une autre enfant sans famille d'accueil, un peu plus âgée que moi. Elle s'appelait Huguette, elle avait 5 ans de plus, une jolie petite fille avec de grands yeux noisette et des cheveux châtains dorés comme les blés. Le directeur de l'Agence de Montreuil sur Mer dont nous dépendions, demanda à maman si elle voulait bien prendre cet enfant chez elle.

Maman accepta et Huguette est arrivée chez nous. Pour moi à cette période c'était moins triste, je m'entendais bien avec elle. Je n'étais plus seule et c'était plus gaie à la maison.

La guerre faisait rage. L'administration de l'Assistance Publique nous obligea de quitter maman pour nous réfugier dans la Nièvre où la situation était beaucoup calme. Les bombardements étaient de plus en plus fréquents, la situation était devenue trop dangereuse pour nous enfants de l'Assistance. La Dases décida de nous muter dans une région de zone libre.
C'est la Nièvre qui fut choisie, dans ce petit village de Lucenay-lès-Aix.
La séparation avec maman fut déchirante, tout le monde pleurait.
C'est le cœur gros ce 7 Janvier 1944 que nous avons quitté maman. Arrivés sur place nous avons été séparées et recueillies dans deux familles différentes mais pas très éloignées.

Huguette fut hébergée dans une ferme, elle était bien traitée, par contre moi j'étais chez des particuliers qui avait quelques dindons agressifs et des poules. Ils étaient très méchants avec moi, je n'avais pas toujours à manger. Après l'école je devais garder les oies très méchantes, elles me mordaient les chevilles. Je me souviens qu'un jour malencontreusement une oie s'est échappée de son enclos, j'ai reçu une raclée mémorable. Ils avaient un potager et surtout ce cerisier, j'ai toujours été folle des fruits et il m'arrivait d'en attraper, alors une belle correction m'attendait pour avoir cueilli des cerises sans autorisation.

J'avais attrapé la gale et des poux. Je n'arrêtais pas de me gratter, à tel point que la nourrice n'a rien trouvé de mieux que d'écrire à maman une méchante lettre en disant :

" Votre fille à force de se gratter, va finir par s'empoisonner"

Cette expérience m'a permis de mieux apprécier la chance que nous avions eu d'être placées chez maman.

Huguette me prenait en passant pour aller à l'école, mais j'avais du mal à marcher à cause de ces grosses galoches qui étaient trop grandes et trop lourdes pour moi. J'avais faim, je ramassais des marrons sur la route de l'école. Heureusement Huguette s'est aperçue des sévices que je subissais et me dit un jour lorsqu'on marchait toute les deux sur le bas coté du chemin de l'école bordé de marronniers centenaires :

" Tu es folle, pourquoi manges tu les marrons par terre ?"
Je lui répondis :

" J'ai faim"

Par la suite, elle m'apportait à manger et nous nous cachions dans les toilettes de l'école à la récréation pour que je mange un peu.

Maman nous envoyait des colis, mais moi je n'en voyais jamais la couleur. J'avais toujours très peur de ce couple et aussi très peur du noir. Or un jour je n'ai pas osé me lever pour faire pipi, le lendemain j'ai reçu une belle fessée.
Nous avions hâte de revoir maman et de retrouver le bonheur d'être ensemble.

Ce calvaire se termina le 13 Novembre 1944 avec la fin de l'occupation de la France par les Allemands.

Quelle immense bonheur, quelle joie ! Maman venait d'avoir 60 ans. Elle était tellement impatiente qu'elle a réussi à nous faire revenir par le premier train de réfugiés. Je me demande toujours comment elle à pu faire cet exploit ?

En cours de route, j'ai dû être opéré des amygdales et des végétations sans anesthésie. Maman est restée avec moi car j'ai fait une hémorragie. Mais après nous sommes rentrés à la maison, fous de joie après ce qu'on avait vécues !

CHAPITRE VI

RETOUR A LA MAISON

La vie repris son cours comme avant. J'allais à l'école du village qui se trouvait à plus de 5 km de la maison. Quand j'étais petite, maman m'accompagnait toujours sans oublier le cache nez pour mon cou. J'avais les bronches fragiles, sans oublier les petits bombons dans ma poche. Elle venait me rechercher deux fois par jour.

Avec l'arrivée d' Huguette nous étions heureuses toutes les trois, maman, Huguette et moi. Les soirées d'hiver étaient tellement longues. Devant la cuisinière bleu turquoise nous jouions au petit bonhomme qui bat le feu. Le jeu consistait à se faire passer de main en main un petit bâton incandescent, il fallait qu'il ne s'éteigne pas, le dernier qui y arrivait avait gagné ! il fallait secouer ce petit bâton très fort pour le garder allumé le plus longtemps possible, des jeux tout simples, il fallait si peu de choses pour nous rendre heureux.

Mais il y avait le jeu des petits chevaux, les parties étaient très animées. J'ai encore cette boite de jeu qui me rappelle tant de bons souvenirs.

Sans oublier les dominos, mais ce que j'aimais par dessus tout, c'était les puzzles, je passais des heures à tout reconstituer.

Au cours de l'année il y avait trois dates incontournables. La fête des mères était un grand jour, Huguette et moi, nous nous enfermions dans la chambre pour confectionner de petits présents pour maman. Nous y passions parfois une journée entière et nous étions toutes excitées à l'idée de voir la surprise de maman à la découverte du cadeau.

Mais le jour que j'appréhendais le plus était "le Guénel" . Les Guénels sont de grosses betteraves que l'on creuse en forme de visage et à l'intérieur on introduit une bougie allumée.

A la nuit tombée, les enfants se promènent de maison en maison avec ce Guénel au bout d'un bâton.
C'est soi-disant pour chasser le mauvais sort, en contrepartie, les gens leur donnaient des friandises. La tradition veut que les volets soient entrouverts pour que l'on puisse apercevoir le Guénel qui se balance dans le noir.
J'avais très peur ce jour là qu'il rentre dans la maison.
C'est Halloween chez les Boulonnais.

Il y avait aussi Noël ! Dès le réveil, la première chose nous nous précipitions vers le sapin pour voir ce que le Père Noël avait apporté. Régulièrement une grande chaussette avec beaucoup de papier et au fond une orange, des friandises, parfois un petit jouet. Nous nous contentions de peu, nous ne demandions rien d'autre, nous étions heureux à cette époque avec rien ou deux fois rien.

Ce n'est pas comme aujourd'hui, ou l'on se sent obligé d'acheter ce qu'il y a de plus beau et de plus cher aux enfants pour qu'ils soient heureux ! Le sont-ils ? Les temps ont changé, mais l'attente de quelque chose de nouveau est quand même toujours là ! Je pense cependant, que ce n'est pas leur rendre service de faire ça, car ils ne connaissent pas la vraie valeur de l'argent. Ils leur faut toujours plus et ils ne sont pas toujours contents !

Par cette éducation, nous avons appris à ne pas gaspiller. On ne jetait jamais rien, on usait nos vêtements jusqu'au bout, on raccommodait, on reprisait et on se contentait toujours de ce qu'on avait, on trouvait normal de ne jamais demander plus que ce que l'on pouvait nous offrir. J'ai toujours gardé cet esprit de ne pas gaspiller, de ne pas jeter.

C'était la fête, ce jour là comme maman était une excellente cuisinière, nous avions droit à un très bon gueuleton.

CHAPITRE VI

L' ECOLE

J'ai beaucoup souffert à l'école par ma petitesse, 1m 43, un handicap majeur pour une petite fille qui essaie de se fondre dans la masse et qui fait tout pour faire oublier qu'elle est de l'Assistance Publique. Les ragots allaient bon train dans ce petit village où tout le monde se connaissait, j'entendais dire :

"Elle est de l'Assistance Publique !"
"Il ne faut pas lui parler !"
"Elle vient d'une pute !"
"C'est une bâtarde !"
"On ne c'est pas d'où elle vient !"
"C'est peut être d'un inceste"

Bref, nous étions des pestiférés !

Nous étions mises d'office à l'écart, comme venant du ruisseau, tout juste bonnes à faire le mal, des voleuses, des menteuses, des créatures malfaisantes capables de toutes les horreurs, c'est de la mauvaise graine, cela résonnait comme une rengaine dans ma tête. Je ne supportais plus de les entendre, ça me faisait trop mal, j'étais blessée dans ma chair.
Nous n'avions pas le droit de nous plaindre, car on nous faisait comprendre que nous devions nous estimer heureux d'avoir eu la chance d'être recueillis par une famille qui avait bien voulu de nous.

En ce qui me concerne, le sort m'avait épargné !

Afin d'éviter toutes ces insultes, maman ne voulait pas m'habiller avec les vêtements que me fournissait l'administration. Je ne mettais pas les grosses galoches et non plus cette mémorable capeline en feutre bleu marine qui nous cataloguait de suite d'où l'on venait.

J'étais l'enfant de personne, l'enfant de la honte. Je me sentais constamment dévalorisée, humiliée, rejetée par la société, coupable d'exister, coupable d'être née.

J'ai vécu toute ma vie avec cette injustice, je ne correspondais pas aux normes.
J'entendais dire :

" Ces enfants là ne peuvent que vous attirer des ennuis, il ne faut surtout pas les fréquenter"

Je n'avais qu'une peur c'est que l'on me demande :

" Comment tu t'appelles ?"

Il fallait répondre :

" Madeleine Michèle !"

C'était l'horreur, avec ces deux seuls prénoms, inutile de vous dire, que tout le monde savait d'où je venais :

"Ah bon ! de l'Assistante Publique ?"
" Tu n'as pas de parents alors ?"
" Qui sont tes parents ?"

Des questions, des questions, toute ma vie a été comme ça, je me considérais comme un être de condition inférieure, diminuée au propre comme au figuré.

Il se passait aussi la même chose auprès d'un médecin par exemple :

" Avez vous connaissance de ces symptômes chez vous parents ?"

A nouveau il fallait le dire, et moi je n'arrivais pas à sortir de ma bouche ces mots fatidiques :

" Je n'ai pas de parents, j'ai été abandonnée."

Jusqu'à l'age de 45 ans, j'ai toujours refusé d'en parler à qui que ce soit, la honte m'envahissait et je gardais tout pour moi.

Les enfants nés sous **X** ne pourront jamais vivre comme tout le monde. Le traumatisme de l'enfance est le plus grave qui soit, j'étais marqué au fer rouge, comme les déportés d'Auschwitz, avec ce matricule gravé lors de mon admission à Saint Vincent de Paul, l'hôpital où tous les enfants abandonnés étaient dirigés. Ce fameux 1er février 1937 on me donna deux prénoms et pas de nom de famille, je n'étais plus un être humain, mais une chose quelconque, sans identité, sans vie, je devenais un pion ballotté au gré de leur humeur parmi la grande famille de l'Assistance Publique.

J'ai toujours subi, les conditions de ma naissance comme une véritable tare indélébile et irréversible. Je ne sortais pas du ventre de ma maman, j'étais l'enfant d'une autre, de quelqu'un que je ne connaissais pas et dont j'ignorais tout.

Comment vivre avec ces deux handicaps ? Comment assumer sa différence ? C'est très dur pour une petite fille. Heureusement maman était là pour combler ce vide. Tout le temps que maman était vivante, je n'ai pas été malheureuse, j'étais comme dans un cocon, à l'abri des regards et des méchancetés, elle me protégeait.

A l'école il n'y avait que deux classes, celle des filles et celle des garçons. C'était des classes uniques, la directrice était également l'institutrice de la classe des garçons.

La maîtresse de mon école était une femme très mystérieuse, sévère et énergique, elle voulait que son école soit exemplaire. Sa conscience professionnelle était telle, qu'elle n'hésitait pas à employer la manière forte, en nous tapant sur la tête avec le coin de l'ardoise cerclée de bois.
Elle disait :

" Comme ça, la leçon te rentrera mieux dans ta petite tête"

Un jour que maman me coiffait pour aller à l'école, ça me faisait mal et elle a vu des bosses dans mes cheveux.

Elle me dit :

" Qu'as tu ? Pourquoi tu as mal ?"

Je n'osais pas répondre, elle insista pour savoir alors je lui dis :

" C'est la maîtresse qui me frappe avec l'ardoise"

Maman ne fit ni une, ni deux, elle m'accompagna immédiatement à l'école et lui dit :

" Pourquoi frapper vous les enfants ?"

Elle répondit sans se démonter :

" C'est un régime de faveur, réservé aux bons élèves, c'est pour les motiver afin qu'ils réussissent dans leur études"

Maman répliqua :

" Vous n'avez pas le droit de prendre la liberté de frapper les enfants et surtout les enfants de l'Assistance Publique, car je vous tiendrais responsable de ce qui pourrait arriver"

Aujourd'hui je dois reconnaître que cette méthode particulièrement brutale était positive, il n'y avait pas d'échec au certificat d'études primaire.

A partir de ce jour, je n'ai plus jamais reçu de coups sur la tête.

Mais c'était une femme très mystérieuse, un peu rondelette comme son visage, aux traits assez durs, et souvent tristes. Elle était toujours impeccablement coiffée, ses cheveux couleur des feuilles en automne étaient ramenés en chignon ce qui ne l'avantageait pas, elle était toujours vêtue très sobrement de couleurs sombres, gris ou noir, mais de bon goût, comme le sentiment de tristesse qu'elle dégageait.

Ce qui faisait penser qu'elle n'avait pas une vie facile. Elle était mariée, mais son époux n'était jamais là, il voyageait beaucoup et s'absentait de longs mois. Nous, nous savions le jour qu'il allait rentrer, car elle restait à coté de la fenêtre à surveiller l'arrivée de son mari, puisque leur habitation se trouvait à l'extrémité de la cour de recréation, nous la voyions très fébrile avant son arrivée.

Dans le village où tout le monde se connaissait, on se posait des questions sur les absences prolongées de son mari. C'était un homme élégant, grand, toujours habillé d'un magnifique costume bleu nuit et chemise blanche et cravate, on en déduisait qu'il avait probablement une situation très importante, à tel point que les gens disaient :

" C'est certainement un espion"

Il n'en fallait pas plus pour faire circuler cette rumeur.

Je me souviens que maman se privait souvent de manger par manque de moyens. Par contre elle me forçait toujours à manger plus que ce que je souhaitais et lorsque j'étais trop réticente elle me disait :

" Il vaut mieux faire envie que de pitié "

C'est seulement aujourd'hui avec le recul, que je m'aperçois qu'elle représentait toute ma famille et bien plus.

Les sentiments étaient très forts entre maman et moi, mais personne ne les extériorisaient. Bizarrement, il n'y avait jamais de câlins, de mots gentils, de bisous.

C'est vraiment idiot, est-ce de la pudeur ? Certainement.

Comme je voudrais maintenant lui crier :

" Je t'aime maman !"

Comme je voudrais aujourd'hui la serrer dans mes bras, la toucher, l'embrasser.

Elle était très âgée, elle ne rêvait pour moi que d'une chose avant de mourir, me voir marier, je l'entendais dire :

" Que deviendra plus tard cette pauvre petite toute seule dans la vie sans moi ?"

Effectivement, j'étais d'une incroyable naïveté, timide, et je ne connaissais absolument rien de la vie, obéissante, soumise de peur de lui faire de la peine.

Pour rencontrer un futur mari, cela s'avérait mission impossible, puisque toutes les sorties m'étaient interdites. Je n'avais pas non plus d'amies de mon âge, mes seules sorties étaient toujours accompagnées de maman, chez des vieilles femmes comme sa sœur Félicie.
Ce n'était pas très loin de la maison, dans un quartier très populaire que l'on surnommait "quartier vorace". Il n'avait pas très bonne réputation et c'était mal perçu d'y habiter. La plupart étaient des ouvriers de l'usine de ciment Lavocat voisine. Le ch'ti, était la langue officielle du quartier. Maman ne voulait pas que je parle le patois, elle disait :

" Quand on est bien élevé, on ne parle pas le patois."

Mais je suis une Ch'ti, je parle et je comprend très bien le patois.

Félicie était toujours contente de nous voir, et dès notre arrivée le classique café chicorée nous attendait sur la cuisinière des années 40 qui était en piteux état.
Il était de coutumier de le boire à la sucette. Dans la région tout le monde le boit comme cela. Ça consiste à ne pas mélanger le sucre avec le café, on croque un petit morceau de sucre que l'on garde sur la langue et l'on boit une gorgée de café par dessus.

C'était une vieille femme effacée, toujours vêtue de noir, le visage ravagé par la douleur, maigre presque fluette, les yeux sombres toujours coiffée en chignon avec ce regard si triste, elle trottinait dans son petit appartement, elle semblait résignée par tous les aléas de sa pénible vie. Elle vivait chichement, elle était veuve et élevait ses deux petites filles Suzanne et Jacqueline qui étaient orphelines de père et mère.

Le destin continua à accabler cette pauvre femme, puisque dans cet appartement vivait aussi le frère de Félicie, on suppose qu'un drame a eu lieu et que Jacqueline s'est fait violée par Victor. Elle n'a jamais rien dit, mais sur la plage de Boulogne sur Mer, elle s'en est allée sans se retourner dans la mer et se noya. Elle était très jolie. je la revoie toujours avec ses longs cheveux châtains couleur de feuilles mortes tout ondulés qu'elle portait très longs, de grands yeux gris verts pétillants et une très jolie frimousse. Par contre sa sœur Suzanne, était plus grande, de corpulence plus forte, des traits réguliers mais sans caractère, plutôt discrète, elle décéda également peu de temps après d'un cancer.

Une autre sortie avec maman, était de rendre visite à une autre vieille femme, qui vivait seule dans la foret voisine, maman allait lui portait des victuailles et lui tenir compagnie quelque minutes pour la réconforter.

Ce n'était pas réjouissant pour une petite fille de mon âge.
C'était nos deux seules sorties.

De même pour effectuer nos courses nous ne sortions pas, nous étions la dernière maison du village. Tellement reculée, loin de l'agglomération et de tout commerce, le ravitaillement se faisait lors du passage d'une camionnette qui nous apportait le pain, la viande et l'épicerie.

Je menais une vie austère, une vie de recluse, d'une banalité quotidienne à faire peur, je rêvais d'une autre vie, une vie joyeuse, comme celle que j'avais vu dans les magazines, ou entendu à la radio.

Alors des songes dans lesquels je n'arrivais plus à distinguer le rêve de la réalité m'obsédaient et je parlais à ma mère :

" Pourquoi ne viens tu pas me chercher, tu sais que j'existe et ou je suis née. Moi, je ne peux pas, je n'ai que ton prénom"

La présence de ma mère se faisait de plus en plus présente, à la limite du réel. Dans mon délire j'arrivais presque à la toucher, tout en lui disant :

" Je fais partie de toi comme tu fais partie de moi, c'est viscéral, tu es ma mère, j'ai besoin de toi pour me reconstruire, pour connaître mon histoire, car sans passé, il n'y a pas de présent. C'est le trou béant, le précipice, le néant, je veux savoir ce qu'il y avait avant."

La réalité de temps en temps, reprenait le dessus et faisait ressortir un très fort sentiment de culpabilité vis à vis de maman. Je désirais une autre vie, mais d'un autre coté, je savais bien que mon amour, cet amour exclusif était pour ma maman.

Hélas, ce n'est qu'après sa mort, que j'ai pu mesurer, l'immensité de cet amour, paradoxalement, c'est à cause de ce besoin d'aimer à la folie cette femme, à contribué à me détruire.

" Mais comment puis-je te reprocher maman de m'avoir trop aimé."

Il faudrait être bien misérable pour penser cela.

J'ai obtenu avec succès bien sur, mon certificat d'études et contente de partir poursuivre mes études au collège technique de Boulogne sur Mer, je devais prendre "le train des ouvriers" le matin très tôt, et revenir chaque jour le soir, pas question de m'attarder en route.

C'est à peu près à ce moment là qu' Huguette nous a quitté, elle n'avait pas obtenu son certificat d'études, maman a dû la placer comme bonne chez un particulier, mais elle a fait une bêtise, a dérobé une montre et s'est sauvé la nuit pour aller danser, elle était restée chez maman 7 ans.

Naturellement maman nous avait pas élevé de cette manière, il fallait être honnête et filer droit, elle était très sévère sur l'éducation. Sur le champ elle renvoya Huguette à l'Assistance qui la plaça en maison de correction. C'est là qu'elle a apprit à faire de la reliure.

Elle en aurait fait de même pour moi, si je m'étais mal conduite, elle était intraitable, très sévère. D'ailleurs, j'ai retrouvé des correspondances entre l'Assistance publique et elle, malgré mon obéissance et ma docilité, elle a toujours refusé de m'adopter. Suite à la pression de l'administration, la raison évoquée :

" Je veux savoir si elle se conduira bien."

La deuxième évoquée : la pression de sa famille.

Maman avait une petite ferme, et pas d'enfants. Il y avait l'héritage, pour cette famille je n'étais pas la bienvenue.
Ils disaient à maman :

" Tu n'aura que des ennuis avec ces enfants de l'Assistance, tous des voyous, de la racaille, des enfants du ruisseau, des bâtards."

C'est sans doute pour cette raison que maman n'a jamais voulu m'adopter, ce n'est que bien plus tard lorsque j'ai eu 22 ans et déjà mariée, qu'elle s'est décidé à m'adopter.

Moi, je ne lui aurais jamais demandé, vivre à ses cotés me suffisait, et rien d'autre.

Il y a eu une période après la guerre que j'aimais bien. En juillet de chaque année maman recevait à la maison son neveu Paul qu'on appelait Paulo, sa femme Émilienne et leur petite fille Michèle qu'on appelait Michou.
Ils venaient pour passer un mois de vacances à la maison chez maman, leur tante, plutôt que de venir chez leur mère Maria qu'on surnommait Mérotte, la sœur de maman, qui avait fait construire en mitoyen de notre maison une maisonnette pour elle.

Maria était une femme très laide, acariâtre et méchante, un visage de pomme flétrie avec des yeux très perçants enfoncés dans les orbites qui lançaient des éclairs. Elle me faisait penser à la méchante sorcière de Cendrillon. Elle ne m'aimait pas beaucoup et moi non plus parce qu'elle faisait souffrir maman. Elle n'était jamais contente, et surtout ses critiques acerbes contre moi, elle disait à maman :

" Tu n'auras que des ennuis avec ces enfants, ce sont des bâtards, des moins que rien."

C'est pourquoi, Émilienne et Paulo préféraient venir passer les vacances chez maman, ils habitaient Meudon.

A ce moment là j'étais heureuse, car nous partions à vélo à la plage d'Hardelot, une magnifique plage de sable fin et très blanc, elle se trouvait à environ 15 km de chez nous, c'était le bonheur.

Paulo avait un amour fou pour sa femme. Il avait été déporté à Auschwitz et grâce à ses peintures il avait réussi à survivre en déportation. Il peignait des tableaux pour les allemands. Il est revenu malade avec des abcès froids sur la poitrine. A la maison il n'en parlait jamais, c'était un sujet tabou, personne n'osait lui demander des détails.

Quant à Émilienne c'était une femme superbe, très typée, une italienne. Elle avait la peau mate, de grands yeux de velours, une chevelure extraordinaire qu'elle coiffait sur plusieurs étages au sommet de la tète, à cette époque c'était la mode. Comme toutes les italiennes elle parlait sans arrêt, toujours très fort, et à la fin de la journée nous avions les oreilles brisées, mais cela apportait de la vie à la maison et j'étais moins triste.

La petite Michou, maman l'adorait et lui passait tous ses caprices. Afin qu'elle puisse jouer maman lui amenait du sable dans l'arrière cuisine. Cette enfant pour Paulo et Émilienne était un cadeau du ciel, ils en étaient fou, c'était la prunelle de leurs yeux, il faut dire qu'elle était très mignonne, elle était très gâtée, peut être un peu trop.

Malheureusement, quelques années après ils ont préféré aller à Saint-Tropez, et moi je passais de nouveau des vacances seule, sans avoir le droit de sortir, entre deux vieilles femmes maman et sa sœur Merotte.

A ma naissance je n'ai pas été baptisé, seulement ondoyé. On ondoyait les enfants à cette époque s'ils n'étaient pas baptisés de peur qu'ils ne décèdent.

C'est pourquoi, j'ai été baptisée à l'âge de 11 ans quand j'ai fait ma communion. J'avais l'air encore une fois très triste. Quand je regarde aujourd'hui les photos, je n'en voie aucune où je rie vraiment, pourtant il ne faut pas que je me plaigne, je n'étais pas malheureuse.

Pour l'occasion, maman avait tué un cochon. Elle avait fait beaucoup de cochonnailles, il y avait de tout, du rôti, du jambon, du pâté, du boudin, du saucisson, des terrines de toutes sortes, toute la famille avait été invitée pour cet événement.

Et maman de lancer son expression favorite :

" Encore un que les allemands n'auront pas. "

Dans le village je voyais qu'il y avait d'autres enfants placés comme moi dans des familles. La plupart du temps, ils étaient demandés pour avoir un revenu supplémentaire, c'était de la main d'œuvre bon marché. Ils faisaient travailler ces pauvres enfants comme des esclaves dans les champs. Ils étaient traités comme des animaux, mal nourris. J'en ai connu, je peux dire que moi j'ai eu beaucoup de chance d'atterrir chez maman.

Lors de ma communion, maman m'avait trouvé un parrain, c'était un des enfants de Mérotte. Il habitait Meudon, il avait une très belle situation, il était fondé de pouvoir, au début je recevais pour mon anniversaire un livre, je me souviendrais toujours de ce livre qui s'appelait *"Croc Blanc"* j'ai beaucoup pleuré en le lisant, ça m'avait beaucoup marqué, il est vrai que j'ai toujours adoré les animaux.

A la maison, bien sûr pas de lecture possible, pas de magazine. Les seuls magazines que j'ai dévorés quand j'étais jeune c'est lorsque Paulo et Émilienne venaient en Juillet à la maison, ils m'avaient ramené un magazine dont je me souviens toujours ça s'appelait "Nous deux" et là je rêvais d'un prince charmant. Mon prince charmant à moi je l'avais trouvé, il s'appelait *"Jean Marais"* je le trouvais tellement beau, je rêvais de trouver un homme qui lui ressemblerait. Il y avais aussi une femme qui me faisait rêver, c'était Gina Lolobridgida, naïvement je pensais que je lui ressemblais, et dans mes rêves les plus fous, j'imaginais pourquoi ne serait-elle pas ma sœur ou ma mère ?

43

Maman était une sainte femme, généreuse, dévouée à l'extrême, toujours prête à aider les autres. Elle ne parlait jamais d'elle et je ne connais presque rien de son enfance. Nous n'avons jamais abordé cette période de sa vie. Elle me faisait penser à une Madone, seulement après ces veuvages et la guerre, elle s'est un peu laisser aller.

Je venais d'avoir 14 ans Huguette n'était plus là, je restais seule avec maman, ce fut une période de grande solitude. D'étranges pensées prenaient naissance dans ma tête, avec des rêves extravagants qui revenaient sans cesse me parler de ma mère, de celle qui m'avait mise au monde. Je la voyais toujours entrain de venir me chercher. J'étais convaincue qu'elle était, bien sûr, très belle, élégante, jeune, intelligente, je l'idéalisais. Je n'aurais jamais voulu en parler à maman, j'en parlais à personne, j'étais seule et j'ai passé toute ma jeunesse sans amie, toujours seule avec maman. Ces phantasmes enfouis dans le fond de mon cœur resurgissaient à la nuit tombée.

J'en voulais à ma petite maman de ne pas lui ressembler, je n'ai toujours connue maman qu'avec des cheveux blancs, pas du tout coquette comme dans sa jeunesse, elle portait l'incontournable blouse sur sa robe et chaussait les traditionnelles charentaises.

Dans mon imagination j'étais tellement persuadée que ma mère ne pouvait être que très belle et jeune, que j'en voulais à maman de ne pas lui ressembler, de ne pas ressembler à l'image que j'avais crée dans mon esprit torturé.

" Ma pauvre petite maman, comment j'ai pu avoir des pensées aussi horribles ?"

J'ai tellement honte quand j'y pense aujourd'hui. Je n'avais pas compris l'importance des valeurs qu'elle m'avaient inculquées.

La tendresse même s'il n'y avait pas de câlin et l'amour qu'elle m'avait donnés étaient bien plus importants que la beauté.

Je m'ennuyais à mourir, c'était tellement triste à la maison, je restais souvent des journées entières sans parler perdu dans mes pensées secrètes, dont je ne pouvais parler à personne. Il n'y avait aucune distraction juste pour nous tenir compagnie un petit poste de radio. Le confort réduit à son strict minimum, les WC à l'extérieur, pas d'eau chaude pour faire la grande toilette, maman mettait une grande bassine en zinc dans le garage.
Afin d'économiser le charbon, nous allions régulièrement dans la forêt toute proche chercher du bois mort, maman ramenait sur son dos de gros fagots et il fallait aussi aller chercher de l'herbe pour les lapins et elle était très exigeante, il fallait ramasser les langues de bœuf, la meilleure que les lapins adoraient, c'est une plante à tige simple dont les feuilles sont en forme de fer de lance.

J'aimais bien le moment à l'automne où nous allions chercher les mures sauvages pour faire des confitures, et aussi ramasser des noisettes, le printemps c'était le muguet et les jonquilles.

Elle était infatigable, elle n'arrêtait jamais je lui disais mais repose toi un peu, elle répondait :

" Quand je m'arrêterais, c'est que je serais morte."

Elle avait l'esprit de sacrifice poussé à l'extrême, tout ce dévouement, tout ce don d'elle même, sans oublier l'amour exclusif qu'elle nous donnait, à une seule condition, ne jamais la décevoir, ne jamais faire un faux pas, ni dévier du droit chemin.
Sinon c'était la sanction, Huguette en avait fait les frais de cette rigueur, elle était très possessive, voulait qu'on soit bien élevées, d'autant plus que l'on était de l'Assistance, il n'était pas question que l'on nous montre du doigt, il fallait être un exemple.

Pour cela il fallait être bien élevé, il fallait obéir, respecter son prochain.

Et les interdits ne manquaient pas, je n'aurais jamais osé demander à maman de sortir seule, impensable ! Encore moins de demander à voir ou m'amuser avec d'autres filles de mon âge, quant au le cinéma il n'était même pas question d'y penser. Je ne devais pas non plus me maquiller, mettre de hauts talons.
Maman disait :

" Ça fait vulgaire ! Ce sont les filles des rues qui s'habillent comme ça! "

Et moi, j'aurai bien voulu en mettre pour me grandir.

Je n'avais qu'une envie, braver tous ces innombrables interdits.

J'aurais tellement voulu avoir une vie plus joyeuse, plus gaie, comme les autres filles de mon âge, c'est ce qui m'a manqué le plus dans ma jeunesse. J'obéissais sans rechigner, car n'ayant rien connu d'autre, je trouvais cela presque normal.

Mais tous ces interdits par la suite ont été le fruit de nombreuses tentations lorsque j'ai découvert tout ce qui m'avait manqué et ils ont contribué à me détruire, car j'avais une furieuse envie de liberté.

CHAPITRE VII

DEBUT D'UNE GRANDE SOLITUDE

J'étais vraiment seule, seule avec maman, il y avait bien juste la maison mitoyenne Mérotte la sœur de maman, mais elle était tellement méchante, agressive, même avec maman qui faisait tout pour essayer de lui faire plaisir mais elle n'était jamais contente, critiquait tout et surtout elle ne m'aimait pas, c'était réciproque.

Physiquement, elle ne ressemblait pas du tout à Maman, plutôt fluette elle portait sur son visage émacié la méchanceté, des yeux perçants de couleur indéfinissable enfoncés dans les orbites accusaient encore plus cet air d'ogresse.

Cette petite maison avait été construite sur le terrain de la ferme appartenant à Maman, elle était plus petite que notre maison, mais confortable quand même pour une personne seule.

Les journées étaient toujours semblables, il ne se passait jamais rien, Maman et Mérotte parfois tricotaient pour les gens du village pour se faire un petit revenu supplémentaire et la conversation était toujours la même, elles parlaient de choses insignifiantes et désuètes pour une petite fille, souvent des décès dans le village, que de banalités, quant aux soirées c'était bien pire, couchée à 8 heures.

J'étais toujours triste, je ne riais jamais, je m'ennuyais à mourir. Alors je vivais dans mon monde à moi dont je ne parlais jamais à Maman, je m'inventais des histoires, mon esprit voyageait, je m'imaginais un monde féerique avec ma mère, et pas cette vie de vieux avec ma maman.

Je prenais mes désirs pour la réalité, à cause de cette solitude mes phantasmes ne faisaient que s'amplifier jour après jour, je vivais dans un monde à part, un monde irréel, peuplé d'images que je transformais à ma manière pour qu'elles soient jolies et me guérissent de mon mal intérieur.

J'imaginais un scénario comme dans un film, il y avait ma mère qui soit me tendait les bras ou alors, deuxième option, elle était tapie dans l'ombre et m'observait sans oser venir vers moi, mais elle connaissait tous mes faits et gestes, j'étais certaine qu'elle était là près de moi.

Je sombrais dans d'interminables dialogues avec elle, je lui parlais tout le temps, me disant qu'elle avait peur de venir pour ne pas troubler mon bonheur, ou peut être avait t-elle peur que je lui reproche son absence. Je lui trouvais toujours des excuses.

Ce sentiment, ces pensées secrètes, je les gardais au fond de moi, enfouies sans rien dire à qui que ce soit puisque je n'avais personne à qui en parler.

Et de me dire :

" Je sais que tu vas venir me chercher."

CHAPITRE VIII

LE COLLEGE

Je suis partie étudier au collège technique de Boulogne sur Mer en vue d'obtenir mon BEPC. Je partais chaque matin très tôt, par "le train des ouvriers". La gare se trouvait très loin à environ 5 à 6 km de la maison et pour revenir le soir il ne fallait surtout pas avoir de retard, sinon maman s'inquiétait de suite.

Je devais apprendre la comptabilité, mais ce n'est pas ce que j'aurais aimé faire, je voulais être coiffeuse, je ne sais pas pourquoi cela ne s'est pas fait. D'après mes souvenirs maman avait dit qu'elle aurait du vendre la ferme pour m'installer et par conséquent plus de revenus, elle n'avait pas les moyens.
Mais pourquoi ne m'a t-elle pas envoyé dans une école de coiffure? Tout ce que je me souviens, c'est que personne à cette époque ne m'a demandé ce que je voulais faire. On me proposa le collège et moi tellement naïve, j'ai accepté.

La classe était composée de pupitres par banc à deux élèves. Ma voisine s'appelait Rolande, on l'appelait "Rosy" et elle m'appelait Micky, nous nous entendions bien. Un jour une situation rigolote se passa, j'étais entrain de jouer avec un peigne en le pliant des bouts des doigts, comme nous étions dans la deuxième rangée face au bureau de l'instituteur qui enseignait le commerce, le peigne s'échappa et il le reçu en pleine figure. J'ai paniqué, je m'attendais à une sanction, mais je n'ai eu droit qu'a une remontrance, après nous avons bien rigolé.

49

Nous étions toutes habillées de la même façon avec des blouses bleues ciel, nous voulions avoir la taille fine, alors on serrait le plus possible notre ceinture tout en laissant notre blouse légèrement ouverte pour qu'on voit en dessous notre toilette.

J'étais toujours intriguée par la blancheur des ongles de Rosy.
Un jour je lui demandais :

" Comment fais tu pour avoir des ongles aussi blancs et soignés."

Elle répondit :

" Mais rien, je ne fais rien de particulier."

et moi de rétorquer :

" Je suis sure que tu as un truc."

Je n'ai jamais découvert son secret.

Nous avons passé de bons moments ensemble, et de franches rigolades

J'ai dû également subir dans cette école la discrimination, une enfant de l' Assistance. Une moins que rien ne pouvait pas être intelligente, alors on m'humiliait bien souvent par des propos acerbes surtout de la part du professeur d'Anglais.

C'était une petite femme pleine de taches de rousseur, un visage ingrat, un petit nez retroussé insignifiant dans ce visage mal proportionné, ce qui m'énervait c'est qu'automatiquement sans exception, elle faisait exprès de m'interroger et de me mettre à chaque fois un zéro, je trouvais ces annotations très injustes.

Je dis à Rosy :

" Tu vas voir demain j'apprends ma leçon par cœur."

Effectivement, c'est ce que je fis, naturellement comme d'habitude j'ai eu droit à :

" A vous, la déesse offensée."

Je réponds rubis sur ongles, et savez vous ce qui se passa, eh bien encore un double zéro !

Je dis à Rosy :

" Tu vois, que j'apprenne ou non ma leçon, c'est pareil."

Si cela n'est pas de la discrimination ?

A partir de ce moment là, écœurée, je n'ai plus jamais appris l'anglais. Elle ne pouvait pas me voir :
- l'enfant de personne
- l'enfant de l'Assistance

Lorsque l'on est pas concerné, on ne peut pas s'imaginer l'impact que cela peut avoir sur un enfant, sur le secret de ma naissance, et pire sur l'abandon. On se sent diminué, on ne fait pas partie des normes, on est catalogué à cause de notre différence, on se sent coupable d'exister, on a honte. Il faut se faire tout petit pour essayer de se faire accepter.

Combien de fois, ai-je entendu :

" Tu devrais être bien contente d'avoir été accueillie dans cette famille et qu'on ai bien voulu de toi, il ne faut pas te plaindre."

51

A la maison avec maman on ne parlait jamais de ma naissance, c'était un sujet tabou. Sauf quelques rares fois, lorsque j'étais très petite, il me semble avoir entendu dire de maman, lorsqu'on lui posait la question.

" Pauvre petite, elle a été abandonnée."

et d'ajouter :

" Sa mère est une mauvaise femme, pas digne d'exister, c'est honteux d'abandonner un enfant."

Moi à cette époque, même si pensais souvent à ma mère, je ne cherchais pas à savoir ou d'essayer de la retrouver. J'acceptais cette situation puisque maman comblait tout le vide, d'ailleurs je n'aurais jamais osé lui en parler de peur de lui faire de la peine. Maman n'a jamais su à quel point je pensais à Madeleine, et c'est la raison pour laquelle j'ai commencé mes recherches si tard, après son décès.

J'ai obtenu mon BEPC. Ensuite je voulais plutôt travailler pour gagner de l'argent, maman avait du mal à joindre les deux bouts, elle se privait souvent de manger pour me le donner.
C'était très dur pour maman de m'élever seule avec si peu de revenus, je me souviendrais toujours qu'un jour, elle ne pouvait pas payer ses impôts pour la ferme, elle n'a eu qu'une seule solution, vendre ce magnifique sautoir qu'elle avait depuis sa jeunesse, et c'est le cœur gros qu'elle l'a vendu pour une bouchée de pain à un antiquaire de Boulogne, elle a juste gardé la montre que je garde précieusement.

Nous étions bien seules toutes les deux et je voyais souvent maman pleurer.

J'étais incapable d'aller vers elle, de me blottir dans ses bras et d'essayer de la consoler. Pourtant cela me faisait souffrir le martyr, mais je n'y arrivait pas, pourquoi est-ce de l'orgueil ou un excès de pudeur ?

Aujourd'hui, plus de cinquante ans après j'y pense encore, j'ai le cœur serré et envie de pleurer.

Un jour Rosy a voulu venir dans mon petit village pour me voir, je l'aimais bien, elle était pas grande non plus. Ce qui me plaisait c'est qu'elle était toujours de bonne humeur, une bouille rigolote entourée de cheveux fins couleur biscuit au miel, toujours bien coiffé, nous nous sommes vus à la maison, nous avons passé une belle journée à se remémorer de si bons souvenirs d'école. Maman m'a interdit une fois de plus de sortir avec elle, j'ai juste eu l'autorisation de la reconduire jusqu'au petit pont de chemin de fer, à 300 mètres de la maison, naturellement elle n'est plus venue me voir.

Je n'ai jamais pu avoir d'amies de mon âge avec maman.

Je venais d'avoir 18 ans. Moi qui était si coquette, je n'avais pas beaucoup de toilettes, maman ne pouvait pas m'en acheter, mais une fois dans l'année j'avais droit à une nouvelle robe ou autre pour aller à la fête du village qu'on appelait "la ducasse".
Pour ce jour là, maman m'avait fait confectionner par une couturière du village voisin une nouvelle toilette, une jolie robe de forme évasée avec des motifs multicolores. J'étais fière de porter cette robe et j'étais la plus heureuse des jeunes filles.

J'étais aussi la plus chic et la plus belle.

C'était un événement, moi qui n'avait jamais le droit de sortir, ce jour là c'était la joie, mais pas question d'y aller seule.

Maman m'accompagnait. Il y avait un bal, j'étais aux anges, je découvrais tout ça comme un enfant qui vient de naître, maman était assise sur un banc à coté de moi, un beau jeune homme s'approcha de moi pour m'inviter à danser.

Maman ne me quittait pas des yeux, elle était ravie.

Ce jeune homme correspondait aux critères qu'elle espérait pour faire un bon époux, il était de bonne famille et fonctionnaire, elle me dit :

" Il est bien élevé. "

Elle était d'autant plus enchantée que ce jeune fonctionnaire était plein d'avenir et très amoureux de moi.

Naturellement il n'était pas question de sortir seule avec lui sans être fiancé. C'est pourquoi, le deuxième dimanche, il fut invité à la maison. Cela représentait pour moi, un changement radical de vie, un événement considérable dans ma petite vie étriquée et si triste.

Il me plaisait bien, il n'était pas très grand avec de beaux yeux d'un bleu profond et un front dégagé qui lui donnait un air plutôt sérieux, il m'aimait je pense beaucoup et m'appelait :

" Ma petite poupée. "

Il est vrai, que je ne pesais que 43 kg et je ne mesurais qu'1 m 43 . Cette petite taille a toujours été un énorme complexe et un terrible handicap pendant toute ma vie d'adulte.

TROISIÈME PARTIE

CHAPITRE IX

LE MARIAGE

Mon amoureux était déjà fiancé avec une jeune fille d'un village voisin, mais il a eu un coup de foudre immédiat lorsqu'il m'a rencontré et sur le champ à rompu avec son ancienne fiancée.

Je le voyais uniquement à la maison et toujours aucune sortie autorisée même avec lui, je lui disais au revoir dehors sur la porte du garage, mais au bout de 5 minutes il fallait que je rentre, maman m'appelait.

J'avais trouvé un travail de secrétaire dans une entreprise de bâtiments. L'année suivante nous nous sommes mariés le 15 en juillet 1957, je n'avais que très peu d'invités, Paulo qui m'a accompagné à l'autel, Émilienne et Michou qui était ma petite fille d'honneur.

Maman a payé tout le mariage car du coté de mon époux sa mère n'était pas du tout favorable à ce mariage, pourtant il y avait ses sœurs et conjoints ainsi que ses parents. Toutes ses économies y sont passées.

Pour l'événement, j'avais une magnifique robe en dentelle blanche agrémentée d'un long voile. Sur la tète un superbe diadème et dans les bras un énorme bouquet de fleurs blanches beaucoup trop volumineux pour ma petite taille.

Pauvre maman, elle s'était mis au régime sec pendant plusieurs mois pour pouvoir m'offrir ce beau mariage ainsi que ma chambre à coucher.
Avec le temps, bien plus tard j'ai compris que je m'étais mariée pour deux raisons.
La première, sans doute pour échapper au joug familial, avoir plus de liberté, mais paradoxalement j'avais déjà sans le savoir cette peur atroce de la perdre, peur aussi de ne pas l'avoir à mes cotés, je lui demandais de venir habiter avec nous.

La deuxième, je ne voulais plus être catalogué d'enfant de l'assistance, j'allais m'appeler Madame, avec un vrai nom de famille comme tout le monde. J'aurais l'impression d'effacer cette tare qui m'a poursuivie toute ma vie. Cette étiquette qui me collait à la peau, j'allais être Monsieur et Madame tout le monde.

Ma petite maman était heureuse, surtout de me voir "casée", elle avait tellement peur de disparaître et que je me retrouve toute seule. J'étais d'une naïveté sans nom, elle pensait que j'étais incapable de me débrouiller seule sans elle, je ne connaissais rien de la vie, j'avais tout à découvrir, moi j'étais contente aussi, pour me semblait-il sortir de l'emprise de maman.

Il y avait déjà des signes avant-coureurs qui allaient m'apporter ce que je redoutais le plus, je m'en rendis compte plus tard. J'ai toujours eu, déjà toute petite, la hantise de perdre maman, j'y pensais tout le temps sans me l'avouer, cette peur était là au plus profonde moi. Je savais déjà, bien avant sa mort, que lorsque cela arrivera ce sera un cataclysme effrayant pour moi.

Nous devions faire un petit voyage de noces, enfin tout petit, jusqu'au Mont-Saint-Michel. J'avais juste un petit pécule pour ce voyage, au début je laissais payer mon mari, puis environ 3 jours après, nous décidions d'aller au cinéma, et pendant que nous nous embrassions, je n'ai pas vu que quelqu'un m'avait dérobé mon sac à main.

Résultat : plus d'argent, retour vite fait à la maison.

Après notre mariage, nous sommes allés vivre à Marquise où nous avions trouvé un petit logement. J'avais la peur au ventre d'abandonner maman, cette peur panique à chaque fois qu'il puisse lui arriver malheur, et bien sûr j'ai demandé à mon époux si maman pouvait venir vivre avec nous.
Un an après, mon premier enfant, un garçon, il était beau, ressemblait à son père, très brun avec des yeux bleus intenses, comme la couleur des bleuets, tout se passa à merveille, nous étions heureux.
Je travaillais toujours, mais c'est maman qui faisait comme à son habitude presque tout dans la maison, nous n'avions pas du tout d'intimité, je n'osais pas embrasser mon époux devant maman.

Je commençais à m'émanciper, je voulais passer mon permis de conduire. Je l'ai eu du premier coup, j'étais vraiment contente, nous avions acheté une vieille 202 de couleur grise, comme le temps dans le Pas de Calais, et la première fois que je la conduisis, boum ! Dérapage, j'emboutis la voiture, heureusement, pas trop grave.

Puis vint 5 ans après mon deuxième petit bout de chou, un second gamin, tout mignon aussi, la bouille un peu ronde, brun également, avec de beaux yeux couleur pain brûle et rieurs. Seulement l'accouchement ne se passa pas aussi bien qu'avec le premier. Ce petit brigand refusait de sortir, il se sentait si bien.

A l'hôpital ils ont dû me faire des piqûres pour faire avancer le travail.

Il arriva deux jours plus tard, est-ce à cause de la difficulté à accoucher ou autre, en tout cas il s'en suivit une fièvre puerpérale assez dramatique, j'avais plus de 40° de fièvre. Je me rappelle toujours, c'était terrible car je délirais, je voyais pleins de bêtes courir sur les murs de ma chambre, j'étais effrayée, Maman était là près de moi, même le docteur se demandait si je survivrais, j'étais rouge écarlate comme un coquelicot, je baignais dans une marre de transpiration, j'étais en eau, les draps trempés. C'était épouvantable, et quelques jours après la fièvre est tombée et j'ai pu rentrer à la maison.

La vie continua, maman était omniprésente, elle passait ses journées à faire bouillir et laver les couches, c'était beaucoup de travail pour elle. La nuit pour les biberons, c'était toujours elle qui se levait et quand ils pleuraient, elle allait les consoler, c'est encore elle qui faisait les repas.

Je ne me rendais pas compte à ce moment de la somme de travail que je lui demandais. Elle ne se plaignait jamais, une femme comme on n'en rencontre qu'une dans sa vie, tellement elle était dévouée, généreuse, elle pensait toujours aux autres avant elle.

La vie n'était pas très gaie, nous vivions simplement nous nous accordions aucun loisir, car le salaire d'un fonctionnaire était très bas à cette époque surtout en début de carrière, et moi, après mon deuxième petit, j'avais arrêté de travailler.

Nous ne sortions pas, nous n'allions pas au cinéma, une vie toute simple, nous nous aimions mais il n'y avait jamais d'effusion, jamais de je t'aime, mais c'était je pense par pudeur, nous n'étions pas habitué à ça.

Même toute petite avec maman il n'y avait pas de câlin et pas trop de bisous. Pourtant si elle savait combien je l'ai aimé et combien j'ai souffert de sa mort, 50 ans après c'est la même déchirure je pense à elle tous les jours et regrette tellement pour ne pas lui avoir dit que je l'aimais de toute mes forces.

Un beau jour mon époux me dit :

" Je suis muté en province. "

C'était la condition obligatoire pour évoluer dans sa profession, ce fut un beau jour de février, il fait un temps désastreux, de la pluie, du brouillard, gris comme notre moral qui était au plus bas, car nous allions nous retrouver dans un bled perdu de la somme, peuplé d'environ 300 âmes.

Ce fut la période la plus triste de notre vie commune. Les journées était tellement longues qu'elles ressemblaient à des semaines. En bonne mère de famille, je cherchais à m'occuper, l'aîné de mes enfants allait à l'école du village accompagné par son père.

Nous avions trouvé une vieille bâtisse, pas très confortable, qui longeait une nationale. Avec maman, je tricotais, je raccommodais, je faisais des vêtements pour mes enfants, je m'ennuyais atrocement.

Nous sommes rester dans ce trou 5 longues années, c'était l'enfer. Nous avions qu'une hâte c'était de revenir à Marquise.

Enfin de retour un beau jour de juin, le temps était à l'unisson avec nous. Il faisait beau, sous un soleil radieux, nous déménagions pour le Pas-de-Calais. Nous avions trouvé un petit logement pas très loin du centre de Marquise genre cité, mais confortable et les enfants reprirent l'école.

Je voulais retravailler pour avoir une vie meilleure financièrement. Un jour, un inspecteur d'assurance vie vint chez nous pour nous proposer un contrat. Cela nous intéressait pas, mais comme il recrutait du personnel, il me proposa de venir travailler dans son cabinet.

J'étais aux anges, j'allais gagner de l'argent, voir du monde. Mais ce travail était très particulier, cela demandait des efforts considérables et il fallait être très courageux pour arriver à gagner correctement sa vie dans ce métier. C'était surtout très pénible par rapport aux horaires demandés, sans aucun salaire fixe, uniquement payé à la commission.

Je devais commencer mon travail qui était environ à 30 km de Marquise à 9 h, une pause pour le déjeuner entre midi et 14 h. L'inspecteur nous expliquait le travail à faire pour l'après midi, il emmenait l'équipe (nous étions 4 ou 5) dans son véhicule, nous devions aller travailler à dans un rayon d'environ 100 km de Boulogne. Vers 15 h il débarquait tout le monde, pour que nous faisions de la prospection chez l'habitant, prendre nos rendez-vous pour le soir généralement après 18 h, nous allions de préférence dans les grands immeubles des cités. Nous prenions nos rendez-vous pour la soirée, il fallait que le couple soit là, nous devions faire le plus possible de contrat d'assurances et les faire signer, ce qui s'avérait parfois bien difficile quand il fallait les convaincre.

Ensuite tout le monde rejoignait la voiture de l'inspecteur, afin qu'il nous ramène à notre voiture à Boulogne et seulement là très tard, je pouvais ensuite rentrer à la maison, bien souvent très tard, quelquefois 23 h, ce qui faisait 12 h de travail quotidien, en outre nous étions tributaire les uns des autres, sur les 4 ou 5, il y en avait toujours un qui restait plus longtemps et on devait l'attendre pour rentrer.

Moi j'étais contente car dès le début, je gagnais beaucoup d'argent, beaucoup plus que mon mari. J'étais surtout comblée, car je me voyais valorisée puisque je décrochais tous les concours. J'étais enfin reconnue, non plus une fille de rien. C'est dans ce métier que j'ai pris conscience de la force qu'il y avait en moi, et c'est aussi là que j'ai perdu ma timidité, j'avais retrouvé un peu de confiance en moi.

Seulement c'est à cause de ce travail et de ces horaires très pénibles, que tout se dégrada à la maison, je n'étais pratiquement plus là, je travaillais tout le temps, maman était très fatiguée et je ne m'en rendais pas compte, j'étais trop prise par mon travail.

Et c'est à cause de ce travail que le grand malheur de ma vie arriva.

Un soir que je rentrais comme d'habitude vers 11 h, il y avait la tante Lucienne à la maison, mon mari me dit :

" D'où viens tu ? "

" Mais de mon travail, "

Lui dis-je

Il était hors de lui, comme fou, vraiment très énervé, je le revois encore, il y avait de la haine dans son regard, c'est alors que très violemment, il m'envoya une gifle magistrale.

Je ne sais pas ce qui m'a pris, sur un coup de tête, d'un seul coup je décidais de quitter la maison sur le champ et d'aller coucher chez la tante Lucienne qui se trouvait justement là, mais je n'ai jamais voulu quitter la maison.

CHAPITRE IX

LE DIVORCE

Je suis restée mariée dix ans.

Sur le moment, je ne me suis pas rendue compte des conséquences de mon acte. J'étais beaucoup trop fière et orgueilleuse pour m'abaisser, surtout après cette gifle administrée avec une violence inouïe. J'étais assez naïve pour m'imaginer qu'il reviendrait me chercher, je croyais qu'il m'aiment encore beaucoup et que ça ne pouvait pas s'arrêter comme ça, j'étais vraiment persuadée qu'il allait me demander de revenir, j'attendais.

Je me trompais lourdement, ce fut le contraire qui se produisit. Je pense qu'il a du être informé par ma belle-mère, qui ne m'aimait pas, du divorce de sa première fiancée, ce qui a précipité les événements. Je crois que c'est pour cette raison qu'il ne m'a jamais demandé de revenir. Ce fut extrêmement rapide, après à peine 8 jours il demanda le divorce, je dirais même plutôt quelques jours après mon départ, environ 4 à 5 jours, puisque j'ai reçu le document recommandé du huissier une semaine après, il avait donc contacté l'avocat avant cette date.

Je n'ai rien compris, devant sa décision aussi radicale que brutale j'étais incapable de réagir. Je ne m'attendais pas du tout à une demande de divorce, j'étais estomaquée, choquée, je n'en revenais pas, je tombais de haut.

Il devait vraiment ne plus m'aimer du tout pour en arriver là aussi rapidement, il n'y avait eu aucune dispute auparavant. Jamais je n'aurais imaginé qu'il demanda la séparation sans un mot, par lettre recommandée, pourquoi n'a t-il même pas essayé de me parler, je serais revenue. J'étais partie sur un coup de colère, je ne voulais pas partir définitivement et je n'aurais jamais demander le divorce.

Des querelles, des disputes cela existent dans tous les foyers, ce n'est pas une raison pour divorcer.

Pourquoi a t-il pris cette décision aussi rapidement ? Je n'ai rien compris.

Il m'a mis devant le fait accompli, sans que je ne puisse rien faire.

En agissant ainsi, il m'a fait porter toute la responsabilité de ce qui s'est passé, alors que c'est à cause de sa demande de divorce que l'on en ai arrivé là. Pourquoi avoir précipité ce divorce sans essayer de se réconcilier. Je me pose aujourd'hui, à 86 ans, toujours plusieurs questions, on aurait dit qu'il n'attendait que ça pour divorcer ? Cela s'est fait si vite, d'autant plus que je n'avais rien à me reprocher, je ne faisais que mon travail. Pourquoi m'avoir giflé aussi violemment ? Je ne méritais pas ça, nous aurions pu se parler, j'aurais pu changer de métier, il n'y a eu aucun dialogue.

Il faut savoir que lorsque l'on quitte le domicile quelque soit la raison, automatiquement le divorce est à vos torts, il n'aurait jamais fallu que je parte ou alors revenir avant la fin de la semaine, mais il ne m'en a pas laissé le temps, dans ce cas, j'aurais gagner mon procès, et comme les griefs n'étaient que les horaires de travail uniquement, une raison peu convaincante pour qu'il gagne, j'aurais eu mes petits avec moi.

Probablement il le savait, je suppose que c'est la raison de sa précipitation.

Je lui en veux car ce drame a détruit toute ma vie, celle de ma maman et surtout celle de mes petits qui en ont été les premières victimes.

Mais en agissant ainsi, a t-il seulement pensé aux enfants ? As t-il pensé au mal qu'il faisait à maman ?

Je crois bien qu'il n'a jamais pensé à eux, puisque quelque temps après notre divorce, un jour en revenant sur Paris, je le rencontrais sur un chantier d'une départementale, ce fut la seule fois où j'ai pu lui parler et je luis dis :

" Écoute, pour les enfants nous devrions restés amis."

Je me rappellerais toujours, il a eu cette réaction très violente, un regard foudroyant, ses yeux lançaient des éclairs remplis de haine comme je jour où il m'a frappé si violemment, il me répondis en me fusillant de son regard métallique, et d'un ton très sec, cassant, et catégorique :

" Jamais !"

C'était clair, inutile d'insister, je savais à quoi m'en tenir, aucun dialogue, aucun contact quel qu'il soit, même téléphonique. Les liens étaient et devaient être rompus totalement, à tel point, quand je venais voir les enfants tous les 15 jours, j'avais interdiction d'aller jusqu'à chez eux, je devais les attendre un peu plus loin.

Par ce refus, il m'a condamnée à être privé de mes enfants à tout jamais.

Je lui en veux surtout pour avoir dit dans le rapport du divorce que je buvais alors que je n'ai jamais bu une goutte d'alcool, ensuite allant même dire que je l'avais trompée, jamais j'aurais imaginé qu'il me détestait à ce point. Je me demande bien comment j'aurais pu le tromper alors qu'à cette époque je n'avais même pas le droit de sortir seule et maman était toujours là, à surveiller tous mes faits et gestes.

Je tombais des nues par tant de méchanceté, pourquoi mentir outrageusement, puisque de toute façon il savait qu'il allait gagner le divorce.

Bizarrement c'est au crépuscule de ma vie, que finalement je viens de m'apercevoir que j'aurais pu changer le cours de mon destin et celui de mes enfants, cela aurait évité bien des malheurs, si j'avais été plus maligne, j'aurais dû refuser ce divorce, car après cette gifle administrée avec une telle violence, j'aurais dû aller porter plainte contre mon mari, si j'avais fait ça, d'une part, il n'aurait pas pu demander le divorce apparemment sans raison valable, j'avais les preuves que j'étais au travail et d'autre part je n'aurais pas eu le divorce à mes torts et surtout j'aurais eu la garde de mes enfants, mais je n'ai rien fait pour me défendre, j'ai tout accepté complètement assommée et choquée. Bien des regrets aujourd'hui qui ne servent à rien puisque l'on ne peut pas malheureusement revenir en arrière.

Aujourd'hui que je commence à y voir plus clair et je me dis que j'ai eu tort de me culpabiliser comme je l'ai fait, car c'est bien lui qui a provoqué notre séparation par ce divorce, c'est lui qui a voulu ce drame, il n'a rien fait pour éviter cela, bien au contraire. Je considère que je suis loin d'être la seule responsable, quand je pense que je suis même allé quelques années plus tard, lui demander pardon.

Je lui en veux surtout, d'avoir refusé que l'on reste amis. C'était me condamner pour toujours à ne plus voir mes enfants ou ne les voir que tous les 15 jours, son intention était de vouloir rompre définitivement tout lien, au détriment de nos enfants. Pourtant, s'il avait voulu accepter ma proposition cela aurait éviter bien des souffrances pour maman, moi, et mes petits. Je lui en veux de ne pas m'avoir laissé la possibilité de les voir davantage. Je le soupçonne même de penser que mes enfants de cette façon s'éloigneraient de moi, ou bien de se dire, telle mère, telle fille, que j'abandonnerais mes enfants, je n'aurais jamais pu vivre sans eux, je lui en veux pour ça, ils m'ont tellement manqués.

Naturellement, le divorce a eu lieu très rapidement, je n'ai rien demandé et même pas essayé de me défendre, je n'arrivais pas à réaliser ce qui m'arrivait.

j'avais trouvé une petite chambre de bonne à Boulogne, mes petits me manquaient terriblement, ainsi que maman. Je n'osais pas aller les voir, j'avais tellement peur de la réaction de maman.

Elle était effondrée, accablée de douleur. Je crois qu'elle n'a jamais compris comment nous en étions arrivés là. Elle considérait que j'avais tout pour être heureuse. J'avais détruit son rêve, avoir un bon mari et de beaux enfants.

Elle était très malheureuse devant cet échec, elle a pris sa défense et resta avec lui pour les enfants.

Bien trop tard, j'ai compris le mal que je lui avais fait.

Quant à lui, j'ai appris que cette fiancée est venue habiter avec lui après qu'elle eu divorcée, le mariage a suivi. Finalement, il n'était pas malheureux, non seulement, il avait changé d'épouse dans la foulée et de surcroît il gardait les enfants.

Je me doutais bien que la nouvelle femme de mon ex mari, n'ayant pas digérer que je lui prenne son fiancé, ne m' envoyait pas de fleurs. Cela, bien sur, a eu une répercussion sur la relation avec mes gamins. Je n'ai cependant pas essayé de me déculpabiliser auprès d'eux. Je n'ai jamais évoqué ce sujet, parce que je m'estimais complètement responsable et coupable, je pensais que tout ce qui était arrivé était uniquement de ma faute.

Cependant, aujourd'hui, avec le recul, je me demande si j'ai bien eu raison de m'infliger plus de 50 années d'atroces souffrances, de culpabilité d'avoir fait du mal, de m'auto-flageller, tout en me disant que la malchance a voulu que cette rupture soit arrivée au bon moment pour lui, trop heureux de retrouver sa première fiancée. Je suis certaine que s'il n'y avait pas eu d'ex fiancée, mon mari n'aurait jamais demandé le divorce. En tout cas, le plus triste dans cette histoire c'est que ce sont mes petits qui en ont le plus souffert

J'avais grâce à mon travail acharné de 12 h par jour, monté en grade et devenue inspecteur premier échelon, j'avais une équipe à diriger et des félicitations de mes supérieurs, mais à quel prix ?

Après ce drame, tout bascula autour de moi, du jour au lendemain j'étais devenue incapable de travailler, je n'arrivais plus a faire de contrats, et par conséquent pratiquement plus de salaires, puisque tout était à la commission.

C'est à partir de ce jour maudit que je perdis le sommeil et le début des cauchemars.

Une culpabilité atroce pour la perte de mes enfants et de maman. Je pensais tous les jours à mes deux petits, comment ont-ils réagit, j'aurais voulu revenir en arrière, mais je ne le pouvais pas, et maman j'avais peur, je n'ai jamais osé la revoir.

Il n'y avait aucune issue, pourtant, il allait falloir vivre avec, j'étais lasse impuissante à réagir.

Mon mari bien sur, a eu la garde de mes enfants, ayant eu tous les torts, je n'ai pas pu les reprendre pour cette raison, mais aussi, par ce que maman a continué à vivre avec lui pour les enfants. Mais pour moi, pas question de les abandonner ce qu'il espérait peut être, je souffrais déjà trop moi-même de l'abandon de ma mère, j'ai exigé de les voir tous les 15 jours.

Moi, je pensais sans arrêt à eux comment vont-ils ? Comment leur expliquer ? Et comment ont-ils réagit ? J'aurai voulu revenir en arrière, c'était impossible, et maman comment faire ?

Beaucoup de choses me reviennent, j'analyse beaucoup plus clairement la situation. Mon époux emmena très rapidement maman chez le notaire pour vendre la ferme aux locataires, qui lui demandaient depuis longtemps. Elle vendit pour une bouchée de pains, un acompte fut versé et le reste en mensualités chaque mois, l'acompte a été mis sur un compte d'épargne sur la tète de mes deux enfants. Le reste, ma pauvre maman n'en a jamais profité, elle ne voulait rien pour elle. Pendant presque une année ces mensualités sont allées directement dans le nouveau ménage. Étant divorcée, mon mari aurait du laisser cet argent aux enfants. De mon coté je n'ai perçu que le reste des mensualités lorsque maman est arrivée pour mourir dans sa petite maison à Nesles, elle n'avait pas un sou.

Il en fut de même pour sa pension, durant les six derniers mois à Nesles, elle n'a rien reçu, les paiements étaient à son ancienne adresse.

La vente de la ferme était sa façon à elle de me punir en me déshéritant, mais je ne lui en ai jamais voulu.

Quelques mois plus tard, après la mort de maman, bien décidé à récupérer mes enfants, je décidais d'aller voir un avocat pour reprendre mes petits, mais la réponse fut catégorique, il me dit :

" Vous avez eu le divorce à vos torts, il ne faut jamais quitter le domicile, vous n'auriez pas perdu le procès et les seuls griefs de votre époux sur les horaires de travail tardifs n'auraient pas été suffisants pour le faire gagner. En outre, vous n'avez plus de salaire et vos horaires ne sont pas compatibles avec la garde de deux enfants, c'est d'avance voué à l'échec."

CHAPITRE X

LA MORT DE MA MAMAN

Maman après ce drame était de plus en plus mal, mais je ne l'ai su qu'après. J'ai toujours cru que c'était à cause de moi.

Un jour, mon mari me fait savoir que maman était revenue vivre dans la petite maison de mon enfance. Le choc fut épouvantable, car je savais que si elle avait décidé de revenir dans sa maison c'était pour mourir.

Ce fut une immense joie de revoir maman, le drame pourtant n'a jamais été évoqué lors de nos retrouvailles, je ne sais pas si elle m'avait pardonné. Je couchais de nouveau dans mon petit lit en fer et je partais tous les matins travailler, mais le cœur n'y était pas, je n'arrivais plus à gagner ma vie. Maman n'était pas bien, elle avait mal à l'estomac, le médecin demanda à ce qu'elle passe une radio.

Je n'oublierais jamais ce matin là, ce terrible jour de septembre 1968, lorsque je suis allée chercher les résultats, le radiologue m'annonça sans ménagement et avec une brutalité incroyable :

" Votre mère ne verra pas la fin de l'année, elle a un cancer."

Tout bascula autour de moi, comme si le ciel m'était tombé sur la tète, un véritable tsunami, j'étais K.O debout. En sortant du cabinet du médecin je titubais, je ne voyais plus rien et je fus pris d'un malaise.

J'étais en pleurs, c'est impossible maman ne peut pas me quitter, pas elle ! C'était comme un coup de poignard dans le cœur, je ne m'étais jamais aperçu qu'elle était si gravement malade, elle ne se plaignait jamais.

Je savais, j'ai toujours su au plus loin que je remonte dans ma petite enfance, que le jour ou maman disparaîtrait, qu'un terrible cataclysme allait s'abattre sur moi. Ce que je redoutais toute ma vie allait arriver, maman va mourir, elle va mourir et tout ça à cause de moi !
Je ne pouvais pas y croire.

On était en septembre il lui restait à peine 3 mois à vivre.

Je n'ai pas osé lui dire en rentrant du radiologue, mais je crois qu'elle le savait. Au cours de ces 3 mois elle ne s'est jamais plaint, mais elle disait parfois :

" C'est comme une bête qui me ronge. "

Mais comment n'ai je pas pu comprendre que maman souffrait de ce terrible mal ? J'étais trop égoïste, je ne pensais qu'à moi.

Pour qu'elle ne reste pas seule dans la journée, j'ai demandé à la femme des locataires de sa ferme de venir passer les après midi avec maman, car j'allais travailler toute l'après midi et une partie de la soirée.

Vers le quatrième mois, elle ne pouvait plus se lever et ne mangeait presque plus. Je la voyais dépérir et impuissante à la soulager. A force de rester coucher, elle avait des escarres et je ne savais comment faire pour la soigner, c'était horrible. C'était d'autant plus terrible que pendant ces 3 mois j'étais complètement seule avec elle et avec ma peine.

Je ne pouvais en parler à personne, je n'avais plus personne maman était toute ma famille. Si elle mourrait je perdais tout, je me retrouvais pour une seconde fois abandonnée.

Je ne pouvais me confier à personne et je n'avais même plus mes enfants !
Elle n'a jamais dit :

" J'ai mal."

Cependant elle devait souffrir atrocement, ça devait la brûler tellement fort, qu'elle demandait à avaler des glaçons. On allait les chercher à la ferme, elle les prenait comme des bonbons pour se soulager.

Et même, dans ces moments terribles, elle pensait encore aux autres, un jour elle me dit :

" Quand je toucherais ma pension, pour ton anniversaire tu pourras t'acheter un bracelet en or."

Je n'avais pas la tète à cela, et je me disais :

" Pauvre maman !"

Je pressentais que la fin était proche, quelques jours avant elle me demanda :

" Viens coucher avec moi."

J'avais tellement peur qu'elle meure dans mes bras que je répondis d'une petite voix à peine perceptible :

" Non."

Je me mis a pleurer, elle me dit :

" Pourquoi pleures tu ?"

La veille de sa mort, un samedi, je courus chez une cartomancienne pour savoir si maman aller mourir ? J'espérais encore qu'elle s'en sorte.

Je savais que maman allait mourir, ma vraie maman, celle qui m'a élevée toute seule depuis l'âge de 22 mois, celle qui m'a tout donné, celle qui s'est sacrifié toute sa vie pour bien m'élever convenablement allait me quitter pour toujours.

C'est impossible, je ne veux pas, je ne pourrais jamais vivre sans elle. Je la croyais éternelle, la peur nichée au fond de mon cœur que j'ai toujours ressentie depuis toute petite, était là, c'est arrivé.

Le lendemain, Huguette, que j'avais averti, est venu de Paris, et comme maman souffrait trop, nous avons fait venir le médecin, nous lui avons demande de la soulager car elle vomissait du sang. Il lui a fait une piqûre de morphine, mais je ne savais pas que c'était pour l'euthanasier.

Après cette piqûre de morphine, elle a juste dit :

" Je n'ai plus mal."

Et la nuit elle râlait, je dis à Huguette :

" Regarde elle dors bien."

En fait elle était entrain de mourir.

Mais le coup de grâce arriva juste avant son dernier soupir.

Elle s'est vu mourir et dans sursaut inimaginable, avec une force démentielle que je n'oublierai jamais jusqu'à la fin de mes jours, elle se mit à faire un hurlement terrible, un énorme cri tellement déchirant qui venait du plus profond de ses entrailles, d'une force et une intensité insoutenable, qui a duré au moins 3 à 4 minutes, une éternité, tellement il était si puissant, un long hurlement comme celui d'une bête blessée à mort, et dont je n'aurais imaginé qu'elle en soit capable, c'était déchirant.

Je n'oublierai jamais ce si long cri, il résonne toujours dans ma tête et dans mes oreilles :

Elle a hurlé de toutes les forces qui lui restaient :

" Jean Pauauauauauaul !"

C'était le prénom de mon fils aîné.

Ce fut horrible, effroyable, ensuite son visage s'est apaisé, elle ne souffrait plus. Elle était partie pour l'éternité, elle est partie au Paradis.

Maman est partie pour toujours, elle m'a abandonnée, je ne la verrais plus jamais.

Maman est morte le 15 Décembre 1968 et je suis morte avec elle !

A l'enterrement il y avait du monde, les locataires de la ferme, quelques amis, des gens du village, Huguette et moi, mon mari et mes deux enfants, jean Paul pleurait, moi je ne voyais personne, j'étais vidée.

Quand on a mis maman en terre comment expliquer l'atroce douleur qui m'a envahie.

Une effroyable douleur dévastatrice que j'avais dans la poitrine, aucun mot ne pourra expliquer cette atroce douleur, j'aurais voulu que quelqu'un essaye de m'arracher le cœur de mon corps pour que je ne souffre plus, il fallait l'enlever, c'était comme si j'avais était transpercée par une grosse épine. J'étais dans un état comateux, je savais même plus où j'étais, ma vue se brouillait, un goût de sang dans la bouche, j'avais l'impression qu'on m'ouvrait le cœur en deux tellement j'avais mal physiquement dans la poitrine. C'était une douleur physique abominable, destructrice , inhumaine. Ma tète était sur le point d'exploser.

Personne n'a rien vu, personne ne s'est rendu compte de mon état, j'ai tout gardé pour moi.

Je voulais hurler, crier NON ! NON ! Maman ne me quitte pas , si fort, mais aucun son ne sortait de ma gorge. Je n'ai pas pu verser une larme. Et pourtant j'avais si mal. Alors j'ai versé des torrents de larmes par la suite, mais ce jour là, rien, pourquoi ? J'étais tétanisée, abasourdie, terrassée par la douleur, dès cet instant, je savais que je ne m'en remettrais jamais.

Je savais une chose, la vie pour moi était finie, fini l'insouciance. J'ai su immédiatement que plus rien ne serait comme avant, la pièce maîtresse qui m'aidait à vivre n'était plus là, tout s'écroulait. J'étais de nouveau seule au monde, abandonnée, je ne pourrais plus jamais être heureuse après ce qui c'était passé. Cela m'avait marqué au fer rouge, je n'ai rien dit autour de moi, personne n'a su l'immense douleur qu'était la mienne.

D'ailleurs à qui le dire ?
Huguette n'a pas souffert de la mort de maman, elle est repartie de suite à Paris, nous nous étions quittées depuis des années, nous nous voyions très peu, nous n'étions plus très proches comme dans l'enfance.

Il y avait la vie d'avant, heureuse et insouciante, et il y a la vie d'après, faite de souffrances, de remords, une vie gâchée, une vie finie.

Toute vie avait quitté mon corps, comme si je n'existais plus.

Maman était le pilier qui m'aidait à vivre sans penser à cette lacune qui manquait dans ma vie, bien sûr je savais que j'étais pour ceux qui m'aimaient bien : cette pauvre petite , et pour les autres : cette fille de rien. Ma pauvre maman avait su comblée ce vide.

Elle avait façonnée autour de moi, jour après jour, un échafaudage tellement solide et inébranlable par son amour que je vivais dans l'insouciance. Quand cette armure à son décès s'écroula, je suis tombée dans le vide, un énorme précipice sans fond, sachant que je ne me relèverais jamais. Je suis morte avec elle.

Et de toujours me répéter inlassablement: pourquoi n'avoir jamais demandé dans ces derniers mois ?

" Maman pardon."

et pourquoi ne pas lui avoir dit ?

" Je t'aime maman."

J'avais l'impression d'avoir d'un seul coup vieillie de vingt ans. Elle était bien loin la petite fille naïve, je découvrais la dure réalité de la vie, j'étais bien seule avec ma peine, je pensais tout le temps à mes petits que je voyais seulement tous les 15 jours, pourquoi je leur avais fait cela ? Je n'avais aucune amie pour en parler, vraiment toute seule et tout cela était de ma faute, il fallait assumer, mais la cassure était irréversible.

Ma vie s'est arrêté pour toujours ce 15 Décembre 1968, c'était un Dimanche.

C'était comme une immense plaie béante à l'intérieur de moi, je culpabilisais d'avoir fait tant de mal autour de moi, à mes enfants et à maman, il était trop tard pour réparer, que faire ?

Alors, commença la longue descente aux enfers, les nuits sans sommeil, la valse des médicaments, les antidépresseurs, les tranquillisants, anxiolytiques, mais rien n'y faisait pour apaiser ma souffrance.

Dans mon travail c'était catastrophique, je n'arrivais plus à faire de contrats, par conséquent plus de salaire non plus, et bien sûr puisque j'étais incapable de faire du chiffre, je ne les intéressais plus.

J'étais effondrée par tant de malheurs tout garder pour moi était très dur à vivre, enfin vivre, c'était plutôt essayer de survivre. Cette vie là je n'en voulais plus, je pensais de plus en plus à la mort et je n'avais plus qu'une envie aller rejoindre maman. Les pensées morbides me traversaient l'esprit, surtout le soir lorsque j'étais couchée. Malgré les somnifères, je passais des nuits épouvantables, la mort rodait autour de moi, mes démons m'attiraient vers eux, j'essayais bien de les repousser, mais je n'avais plus la force de lutter, je me laissais dériver sans pouvoir arrêter cette torture qui me rongeait jour après jour.

Je me rendais compte que j'avais tout perdu pensant que c'était de ma faute, mes enfants n'ont jamais su à quel point je souffrais, je ne me suis jamais confiée à eux, quand on se voyait, nous ne parlions jamais de tout ça, même après mon départ, je n'ai jamais su comment leur dire, comment leur expliquer pourquoi je suis partie, je n'ai jamais essayé d'en parler je n'y arrivais pas.

Les jours pour moi, étaient noirs, sombres, gris comme le temps à cette époque de l'année, moi qui avait tant souffert des interdits de maman et qui rêvait de liberté, pouvoir enfin faire tout ce que j'avais envie, ne plus avoir de contraintes comme j'avais eu durant toute ma jeunesse, eh bien là j'avais la liberté, je pouvais sortir, m'amuser, trouver des copines et copains. Et bien non, plus rien ne m'intéressait, je voulais mourir et c'est qu'à cela que je pensais tout le temps.

La vie que j'avais longtemps rêvée et tellement désirée n'était pas du tout celle que je découvrais. C'était un monde horrible, fait d'égoïsmes, de profits, de mensonges. Ce monde là ne m'intéressait plus du tout, il n'était pas fait pour moi.

Comme un nouveau né, je découvrais à 30 ans, l'envers du décor, la vraie vie et je réalisais à quel point maman m'avait protégé. Tout ce qui était beau avec elle, devint laid. J'arrivais avec mon ignorance dans un univers inconnu et cruel, un monde tellement dur où tout était permis, mentir, voler. Les bons avaient fait place aux méchants. Tout me semblait superficiel.

Mais ce monde là, m'a permis de grandir très vite. J'avais enfin acquis de la maturité et j'appris rapidement à me défendre, il le fallait pour ne pas être mangée. J'étais devenue plus forte pour affronter la vie ma timidité et ma naïveté envolées grâce à cette profession où nous devions faire du porte à porte ou nous devions à tout prix faire signer des contrats d'assurances à ces pauvres gens qui n'avaient pas toujours les moyens. Pour les convaincre des discussions acharnées parfois duraient 2 à 3 heures.

Il fallait absolument faire du chiffre.

Cela été pour moi une très bonne école pour prendre confiance en moi et gagner de l'assurance.

Mais pour obtenir ces résultats, j'avais conscience que les moyens utilisés étaient à la limite de la moralité.

Cependant, avant ce drame, j'étais très fière qu'on me prenne en considération qu'on me complimente pour mes performances, je me sentais utile, et j'avais besoin d'être reconnue, tout au moins professionnellement.

Mais après mon divorce et la mort de maman, tout bascula, j'étais devenue incapable de faire des contrats

Il fallait affronter cette nouvelle vie que je connaissais à peine, et je n'en avais pas la force, j'étais comme déjà morte. Je ne ressentais plus aucune vie dans mon corps, je me laissais aller à la dérive, personne pour me consoler, je tombais dans un abîme sans fond, je n'étais bien qu'avec elle, c'était devenu mon obsession, je voulais mourir pour la retrouver.

CHAPITRE XI

LE SUICIDE

C'était un dimanche, il faisait pourtant beau ce jour là, je retrouvais au café JULES une copine avec qui j'avais un peu sympathisé, elle s'appelait Micheline, je l'aimais bien. Elle essayait de me remonter le moral, elle avait des yeux malicieux, elle était toujours de bonne humeur, elle riait toujours.Je lui avait parlé de ma détresse, j'étais au plus mal ce jour là, tellement mal, que je lui dit :

"Je veux mourir pour rejoindre ma maman, tu sais je vais me suicider, je ne peux plus vivre avec cette atroce douleur, je ne peux plus vivre sans elle, je souffre trop, j'ai tout perdu, mes enfants, mon mari, ma maman, mon travail, il ne me reste plus rien, ni personne."

Pourquoi continuer à vivre ?

Mon calvaire était trop lourd à porter. Au bout du désespoir, j'avais pris la décision de m'en aller aussi.
J'avais programmé mon suicide pour le soir même.

Je ne sais pas s'il faut du courage pour prendre cette ultime décision ou si c'est de la lâcheté de ne pas vouloir affronter ses démons, mais je voulais que ça s'arrête et c'est la seule issue qu'il me restait.

Je rentre chez moi, un petit studio que j'avais loué en ville, je m'enferme à double tour, me disant de toute façon personne s'inquiétera de moi. J'étais vraiment décidé à en finir avec cette vie qui m'était insupportable, je pris les deux tubes de somnifères, j'avalais le tout et je me suis couchée. Immédiatement je me suis endormie sans souffrir, je n'avais plus mal, j'étais apaisée, contente, j'allais retrouver maman. Avant de sombrer complètement dans les ténèbres je luis dis :

" Maman je viens te retrouver."

Si c'était à refaire je le ferai pour ne pas souffrir.

Micheline avait pris au sérieux mes propos et que certainement je ne plaisantais pas, elle a comprit que j'allais le faire. C'est grâce à elle si je suis vivante aujourd'hui. Elle a, je pense, téléphoné aux pompiers, ceux-ci ont défoncé ma porte pour entrer et m'ont transporté à l'hôpital Saint-Louis.

Lorsqu'à l'hôpital je sortis de mon inconscience, j'aurais préféré que l'on ne me réveille pas, j'étais si bien je n'avais plus mal, je flottais et on me fait revenir à la dure réalité terrestre.

Je suis restée à l'hôpital, je crois une semaine. Quelques jours après deux policiers sont venus dans ma chambre pour m'interroger en me demandant pourquoi j'avais accompli ce geste désespéré, c'est la règle dans ces cas là.
Comme d'habitude, je n'ai rien dit, il n'y a même pas eu de psychologue comme c'est le cas aujourd'hui, personne n'a rien su.
Je n'en ai pas parlé à mes enfants, ni à Huguette, j'ai encore tout gardé pour moi.
Après cette tentative de désespérance, dans une solitude totale, la souffrance était toujours forte, je dirais même encore plus forte, j'étais complètement détruite à tout jamais.

Pourquoi maman n'a pas voulu de moi ?

Je n'avais plus du tout envie de vivre et pourtant je n'ai jamais eu le courage de recommencer. Je suis sortie sauvée mais dans un état pitoyable. Désemparée, déroutée, amorphe, avec un dégoût de la vie, j'étais comme un zombie, une morte vivante.

Sur ces entre faits, l'inspecteur général de Lille est arrivé pour régler le problème, il a considéré que s'en était trop, soi-disant un scandale pour la publicité du cabinet. La vraie raison était que je ne faisais plus de chiffre. Ils m'ont proposé de me muter à Lille où je serais sous les ordres de l'inspecteur Général.
J'ai refusé, car je rêvais et voulais uniquement aller à Paris pour retrouver ma mère biologique.

Le destin n'avait pas fini de s'acharner sur moi. Comme je refusais Lille, ils n'ont pas voulu me muter à Paris et m'ont purement et simplement licencier sans aucune indemnisation. Je suis allée au Prud'homme, mais comme cette compagnie la CGR Vie venait de fusionner depuis peu avec l'Abeille une autre compagnie, ils m'ont répondu que je n'aurai pas gain de cause parce que cela avait changé de dénomination, alors que je travaillais depuis 6 ans dans la première compagnie mais depuis quelques mois dans la seconde qui en fait était la même.

Découragée, n'ayant pas la force de me battre, je n'ai pas donné suite. Comme ils ne pouvaient malgré tout pas me licencier sans raison valable, ils ont voulu me faire signer ma démission, naturellement j'ai refusé, mais je suis à peu près certaine qu'ils ont falsifier ma signature.

J'étais tellement écœurée de ces compagnies d'assurances qui avaient détruit mon foyer, que je n'ai plus jamais voulu en entendre parler.

CHAPITRE XII

DEPART POUR PARIS

Je me suis retrouvée au chômage du jour au lendemain, j'ai décidé d'aller rejoindre Huguette à Paris, elle avait un petit commerce de lingerie à Neuilly. En sous sol il y avait une petite cuisine et un endroit couchette.

Je suis arrivée à Paris chez Huguette, un jour de mai de l'année 1972 un temps maussade et triste comme mon moral. J'avais l'intention de rechercher du travail, mais surtout pas dans l'assurance.

Je suis restée quelques mois chez elle, je dormais au sous sol de son magasin, dans la journée j'essayais de me faire embaucher quelque part. Pendant ce court séjour chez elle, je n'ai rien dit à Huguette de ce que j'endurais, je n'arrivais pas à en parler, d'ailleurs personne n'aurait pu comprendre, le mal qui me torturait depuis ce drame. Au bout de 2 à 3 mois toujours pas de travail, je constatais que la vie parisienne était bien pire que celle de province, impossible de m'adapter.

Pourtant, dans ma jeunesse j'avais tellement rêvé de profiter de la vie parisienne, naïvement j'imaginais la joie, les plaisirs, la foule, les amis, les rigolades enfin la belle vie. La réalité était tout autre, rien de tout ça, je découvrais au contraire une vie de galère où tout était moche, sale, triste.

Je me retrouvais jeter en pâture parmi des inconnus, j'avais peur de ces gens que je sentais troubles, louches, peur de l'horreur de cette vie de débauche, je restais sur mes gardes. Je découvris pour la première fois un monde hostile, je tombais des nues.

Je n'ai pas trouvé de travail, une vraie galère avec juste un BEPC, la vie parisienne me faisait peur. J'étais perdue, moi qui avait eu tant envie de liberté, envie de pouvoir faire tout ce que je voulais, sortir avec des copines, aller au cinéma, aller en discothèque, ne plus avoir d'interdits, ne plus avoir de contraintes, je n'en avait plus envie.
La décision fut prise de retourner dans mon pays natal, près de maman et de mes enfants.

Une année passa sans avoir la force de me lever, encore moins de travailler. Je vivotais tristement car depuis ma tentative de suicide, plus de salaire que le chômage, la vie n'était pas facile. Il fallait absolument que je revienne à Paris pour trouver du travail, et c'est là qu'était ma mère.

J'y suis donc retournée définitivement en 1974.

Je n'étais plus la petite fille de province naïve, j'ai trouvé un travail de démonstratrice dans les grandes surfaces et j'ai loué un petit studio à Kremlin-Bicêtre. Puis j'ai déménagé mes meubles sans oublier la salle à manger Henri II, qui m'a suivi pendant des années.

J'ai toujours eu beaucoup de mal, à me séparer de tout ce qui appartenait à maman, de tout garder. J'avais l'impression de l'avoir encore un peu avec moi, je lui parlais tout le temps, tous les soirs dans mon petit lit, je pleurais en me disant toujours pourquoi je n'ai pas pu lui dire avant qu'elle meure que je l'aimais tant.

Pourquoi ? Parce qu'à cette époque, on n'exprimait pas ses sentiments, même auprès de mes enfants. Je les voyais tous les 15 jours coûte que coûte, qu'il pleuve, vent ou neige, je prenais la voiture le dimanche pour aller les voir, je n'aurais jamais manqué cela pour rien au monde.

La journée passait toujours très vite, nous allions manger au restaurant, puis au cinéma, après je les ramenais chez eux, j'avais interdiction d'aller jusqu'à leur porte et je reprenais la route. Je ne savais pas les câliner, pourtant j'aurais voulu leur expliquer comment tout cela est arrivé, mais je n'y arrivais pas.

CHAPITRE XIII

RENDEZ VOUS A LA DASES

La première chose que je fis dès mon arrivée à Paris, c'est d'aller à la Dases pour que l'on me donne mon dossier d'abandon.

La veille de ce rendez-vous, impossible de dormir. Je me levais tôt, c'était un lundi matin, il pleuvait, je me dis, c'est mauvais signe, c'est sous la pluie battante que j'arrivais au lieu indiqué.

J'étais fébrile, mes mains tremblaient, je me demandais ce que j'allais trouver :
- Y aurait-il le nom de ma mère ?
- Vais-je enfin savoir qui je suis ?
- D'où je viens ?
- Pourquoi m'a t-elle abandonnée ?

Toutes ces questions se pressaient dans ma tète.

L'établissement se trouvait dans le 14ème, j'avais pris rendez vous quelques semaines auparavant. J'avais hâte de savoir et peur de ce que j'allais découvrir. J'entrais dans ce grand immeuble d'allure Haussmann, il fallait traverser un grand hall, monter au 3ème étage et là, on me dit d'attendre, on viendrait me chercher.
Je tremblais comme une feuille, J'essayais de cacher mes mains dans les poches de mon manteau gris anthracite. Quelqu'un vient, une femme d'une cinquante d'années aux cheveux poivre et sel, indifférente à mon inquiétude.

Elle me fit entrer dans un bureau d'allure assez cossu, une autre femme assise devant ce bureau rempli de dossiers, me dit derrière ses lunettes cerclées sans me regarder, sur un ton lugubre :

" Asseyez vous. "

Elle avait environ une quarantaine d'années, d'aspect mi figue, mi raisin, assez distante et hautaine. Ses cheveux noirs coiffés en chignon derrière la nuque lui donnait un air sévère et rébarbatif, devant elle il y avait un dossier, le mien !

Je brûlais d'impatience et aussi très anxieuse, d'un coup je sursautais quand elle me dit :

" Voici votre dossier. "

C'était un feuillet de 4 pages intitulé "Bulletin de renseignements" la seule et unique pièce que j'ai obtenue de la Dases, la seule pièce officielle concernant mon abandon, je n'ai jamais eu de procès verbal, il paraît qu'à cette époque cela n'existait pas.

Je dis merci Madame, d'une petite voie fluette et pressée de sortir pour enfin lire de qui était écrit, ma timidité n'avait toujours pas disparue et j'ai attendu d'être dehors pour lire mon histoire. J'allais enfin savoir à 37 ans ce que j'attendais depuis toujours.

Mon destin se jouait à cet instant précis.

Il y avait justement à quelques mètres, un banc, je sortis de ma poche le document, et là, je découvris beaucoup de choses sur ma mère. Une émotion très forte m'envahit, j'avais les larmes aux yeux, ce précieux document m'apportait une petite réponse aux nombreuses questions qui tournoyaient dans ma tête.

Arrivée chez moi, je n'arrivais pas à m'en détacher, je relus 5 fois, 10 fois ce papier, et compris que ces informations à la fois importantes et succinctes, étaient dérisoires pour retrouver ma mère.

En effet, j'avais bien son prénom Madeleine, elle m'avait donné son prénom, sa profession comptable, mais où ? Ses parents sans citer leurs noms, décédés. Son arrivée à Paris en 1935, sa signature Madeleine et son âge 20 ans. C'était beaucoup et peu à la fois.

Il ne fallait pas sortir de Saint-Cyr, pour comprendre que je ne pourrais jamais la retrouver, sans date et lieu de naissance et sans nom de famille. J'étais en plein désarroi.

J'étais toute seule à Paris avec ces 4 feuillets, et comme toujours personne à qui me confier. Huguette, je ne me souviens pas lui en avoir dit mot, elle était occupée avec son commerce, aucune amie à qui parler. J'étais à la fois heureuse d'en savoir un peu plus, mais aussi quelle désillusion, car j'avais déjà compris que je ne pourrais jamais la retrouver.

CHAPITRE XIV

DEPRESSION SEVERE

La vie à Paris était fatigante, je me sentais inutile, épuisée à cause des nuits sans sommeil où chaque soir, je retrouvais maman et mes petits. Je sanglotais et j'appréhendais à aller me coucher car chaque nuit, d'horribles cauchemars venaient me hanter, ce qui me rendait malade.

J'avais un énorme sentiment de culpabilité vis à vis de mes gamins, même si je les voyais tous les 15 jours. Je me disais que je n'aurais pas dû les laisser et je n'osais même pas leur en parler. Étais-je une mauvaise mère ? Pourtant je les aimais plus que tout et je n'aurais jamais pu vivre sans les voir. Je considérais que je devais souffrir, c'était ma punition face au mal que j'avais fait autour de moi.

Ces cauchemars récurrents étaient entrain de me détruire, en général toujours très morbides, accompagnés de beaucoup de sang, je voyais quotidiennement maman entrain de mourir.
Je me réveillais en larmes et impossible de me rendormir, j'avais si mal.

Naturellement, afin de retrouver un semblant de sommeil, j'étais soignée par un médecin et j'ai enfin compris que j'étais très malade, une dépression sévère et profonde. Je commençais à prendre tous ces poisons, antidépresseurs, tranquillisants, anxiolytiques, mais je n'allais pas beaucoup mieux.

Je travaillais en intérimaire, car il n'était pas question de contraintes, je ne voulais plus d'interdits, je tenais plus que tout à ma liberté tellement désirée même si j'en faisait rien, j'étais désespérément seule.

Je me torturais toujours en pensant d'une part à mes petits et d'autre part à maman, ça occupait toutes mes pensées surtout le soir et la nuit. Dans la journée c'était ma mère, j'étais enfin à Paris, j'étais près d'elle et je la voyais partout.

Elle était là constamment avec moi, dans le métro je regardais toutes les femmes et je me disais, c'est peut être elle, elle lui ressemble ? Je guettais le facteur, comme si j'attendais une lettre d'elle, ou bien le téléphone qui sonnait, j'étais certaine qu'elle allait m'appeler.
Dans la rue, quelqu'un qui me regardait avec insistance, j'étais persuadée que c'était elle, ou alors une personne qui s'appelait Madeleine, de suite j'essayais de savoir qu'elle âge elle avait, etc ..

J'avais l'intime conviction que j'allais retrouver ma génitrice, j'étais certaine que je la rencontrerais par hasard au coin d'une rue. Je la voyais partout, mais tout cela n'était qu'une utopie, un rêve, cela ne se réalise jamais, sauf dans les films.

J'étais obsédée, c'est impossible elle ne peut pas m'oublier comme ça, il faut qu'elle vienne me chercher. J'y pensais surtout le jour de mon anniversaire à chaque fois j'étais de plus en plus triste et amère.

La vie était très monotone, j'allais quelquefois le dimanche chez Huguette, elle venait de rencontrer son futur époux, elle avait l'air heureuse.

Un beau jour, j'ai retrouvé un nouveau travail, il ne me déplaisait pas. J'étais embauchée comme démonstratrice pour une firme suisse de la vente de produits de beauté dans les salons et les exposition à Paris, mais aussi dans les grandes villes de province et mais aussi en Suisse dans le canton de Vaux.

Mais le problème, c'est que je me retrouvais comme dans les assurances à être payé qu'à la commission sans aucun fixe et il ne fallait pas compter ses heures, si je ne vendais rien sur le salon je ne gagnais rien. Comme je n'avais plus aucune timidité grâce aux assurances, j'étais très psychologue et persuasive pour détecter les bonnes acheteuses, je vendais très bien et je gagnais bien ma vie.

Il fallait être très courageuse à cause des horaires très pénibles et les déplacements étaient à nos frais. D'autre part je n'étais pas déclaré, ce qui a amputé ma retraite pas la suite. Le patron était un voyou nous n'étions payé qu'avec les chèques des clients. Cela était très éprouvant pour mes nerfs déjà bien mal en point car lorsque je ne faisais pas de chiffre, je ne gagnais rien et j'étais très stressée.

Nous étions une petite équipe, et nous acceptions bon gré mal gré ces méthodes frauduleuses.

Cela m'a permis avec le petit pécule que m'avait laissé maman des mensualités restantes que je touchais de la vente de sa ferme, de m'acheter un petit appartement en faisant plusieurs crédits.

Pendant plusieurs années, cela a été très difficile financièrement. J'avais trouvé un appartement, pas très grand, une cuisine, un salon séjour et une chambre, mais suffisant pour moi toute seule. 3 crédits à payer, il n'était pas question de baisser les bras, il fallait travailler dur et pas de vacances, mais j'avais un chez moi, je n'allais pas être à la rue.

CHAPITRE XV

LA PASSION

C'est environ un an auparavant, au printemps par une belle journée ensoleillée, je rencontrais la passion, mais c'est bien connu comme toute passion cela ne dure jamais.

Il n'était pas très grand, blond aux yeux bleus métalliques, enfin tout ce que je détestais et cependant j'ai vécu pendant environ 5 ans une belle histoire d'amour, mais aussi beaucoup de pleurs, de violences, de joies et de tristesse. Il vivotait çà et là de petits boulots, à la limite de la légalité. Ses fréquentations étaient à son image, nous avions gardé chacun nos appartements, heureusement quand les disputes étaient trop violentes, je repartais chez moi.

Je retombais toujours dans ses bras, il ne voulait pas que je le quitte, les scènes devenaient de plus en plus brutales parce que je m'étais aperçu qu'il me trompait sans vergogne et mentait outrageusement. Je luis demandais des explications et cela le rendait très furieux à tel point qu'un jour il me frappa tellement fort qu'il me cassa le nez, je me mis à saigner et malgré tout je n'ai pas porté plainte.

Il devenait tellement dangereux que j'ai fini par lui interdire l'accès à mon studio, mais il a défoncé ma porte, brisé des meubles et détérioré toute ma garde robe à l'acide, il devenait fou.

C'en était trop, j'avais très peur, la seule solution était de déménager sans laisser d'adresse, il aurait fini je crois par me tuer.

Cela a été assez difficile, mais j'ai tenu bon, je ne l'ai plus jamais revu.

Je ne regrette rien cependant, car il m'a aussi apporté le plus beau des cadeaux, cette toute petite boule de poils noirs qui fut le réconfort de toute une vie, le plus beau des cadeaux, mon petit trésor que je n'oublierais jamais.

CHAPITRE XVI

MON PETIT TRESOR

Un de ces petits caniches exceptionnels, elle avait à peine quelques mois, une petite chienne vraiment hors du commun par son intelligence remarquable, sa gentillesse, elle comprenait tout, s'intéressait à tout au moindre de mes gestes, tellement curieuse de tout.

Je l'emmenais partout avec moi, au travail dans les salons, dans les magasins, à la plage, en train, par la suite en avion et au restaurant elle était fantastique. Je la mettais sur une chaise à coté de moi, elle mettait ses deux petites pattes sur le rebord de la table comme une grande personne et attendait.

Elle m'a beaucoup apporté d'amour et m'a aidé à surmonter ma dépression, c'était comme un enfant docile, obéissante, et tellement présente.

Sa présence à mes cotés a été de vrais moments de bonheur. L'amour que je n'avais plus suite à la disparition de maman et celui que je ne pouvais donner à mes enfants se reportait sur cette petite chienne que j'appelais Cybèle, le nom d'une déesse grecque. Elle le portait à merveille avec ce port de tête magnifique, cette grâce naturelle, le regard très vif presque humain. Elle se comportait comme un enfant et le peu d'amour que je lui ai donné, elle me l'a rendu au centuple.

De nouveau seule avec ma désespérance qui me poursuivait comme un boulet dont je n'arrivais pas me dépêtrer, je travaillais dur pour payer mes crédits, j'essayais de m'étourdir en sortant avec des copines, mais le cœur n'y était pas, je broyais du noir, et mon passé était toujours là pour me rappeler que lorsqu'on fait du mal on doit en subir les conséquences, il faut payer ! Je me disais que dans le fond je n'avais que ce que je méritais.

Les cauchemars étaient toujours aussi présents, mais ce qui me faisait le plus souffrir, c'est que la mort était toujours au rendez vous, je baignais toujours dans ce sang qui m'engluait, se collait sur ma peau, je voulais l'enlever mais je n'y arrivais pas, ça m'enveloppait littéralement, j'étais comme emprisonnée, j'étouffais et je me réveillais en sueur, épouvantée, incapable de me rendormir.

J'avais mal, je suppliais le Bon Dieu de m'aider à ne plus souffrir autant, je voulais arrêter l'enfer de mes nuits, mais comment faire ? Comment ne plus penser à ce passé qui me rongeait jour après jour ?

Je n'avais plus envie de vivre, je voulais arrêter de souffrir, arrêter de penser tout le temps à des choses négatives, je voyais toujours tout en noir, et personne à qui parler de ma détresse, aucune amie, aucune famille, j'étais très seule avec mon désespoir.

C'est vraiment là que j'ai compris que j'étais très malade, une dépression sévère et profonde à cause de deux traumatismes importants causés par deux femmes, l'un à cause de ma mère et de mon abandon et le second de ma maman à cause de son décès. Je voyais de nombreux médecins et j'allais d'hôpital en hôpital car j'avais mal partout, de la fibromyalgie disait les docteurs. J'étais entraînée dans un gouffre peuplé de cauchemars morbides et horribles, malgré les antidépresseurs et les tranquillisants, la mort rodait tout le temps autour de moi.

Paradoxalement, j'ai toujours eu peur de la mort, je n'arrive pas accepter la mort de ceux que j'aime, je les voudraient éternels, je ne veux pas qu'ils me quittent. Impossible de trouver le repos, j'appréhendais le moment d'aller me coucher.

Lorsque je travaillais comme démonstratrice, j'avais une très bonne camarade que j'aimais beaucoup. Elle s'appelait Suzy, elle avait comme on dit des yeux "revolver" d'une intensité de bleu superbe qui m'envoûtait, pas très jolie, mais avec beaucoup de charme. Elle respirait la joie de vivre, elle avait un dynamisme incroyable qui me faisait du bien, je ne lui parlais pas de mes souffrances, personne dans mon travail n'a jamais rien su car au contraire, pour éviter de penser j'étais toujours très gaie comme si tout allait bien.

Nous étions devenues complices. Elle m'entraînait à faire du shopping, elle voulait comme moi être au top de la mode. Je l'admirais pour son courage, elle était atteinte d'un cancer qu'elle avait bien dissimulé. Se sachant condamnée, elle a lutté de toutes ses forces jusqu'au bout j'ai beaucoup souffert de son décès. Elle n'avait que 36 ans.

CHAPITRE XVII

LA DESTRUCTION

La mort me fait peur et cependant, elle m'attire comme un aimant.

Elle est là, je sens son odeur nauséabonde, elle est palpable, la grande faucheuse essaye de m'attraper dans ses grands filets qui tournoient au dessus de ma tête. Je m'agrippe pour ne pas me faire happer, j'essaie de toutes mes forces de la repousser. Je me noie dans un amas de détritus immondes, fétides, sans arriver à m'en sortir.
Je savais bien qu'un jour, je n'aurais plus la force de lutter, elle m'attrapera.

J'étais cependant très lucide et je me rendais bien compte que j'étais entrain de me détruire, mais je n'y pouvais rien, j'étais incapable de penser à autre chose que ce qui me rongeait, je devais payer pour le mal que j'avais fait et il me semblait normal que mon cerveau m'inflige ces tortures que j'avais méritées.

Pour éviter ces attaques de panique et surtout pour essayer d'arriver à dormir, je prenais de plus en plus d'antidépresseurs, de tranquillisants, d'anxiolytiques et ce sont eux qui ont contribué beaucoup à cette déchéance. Il est bien connu que toutes ces drogues sont faites pour effacer les souvenirs néfastes et la mémoire pour ne plus penser, ils sont très dangereux car ils incitent très souvent les malades à des idées noires et au suicide, j'en avais fait la triste expérience.

C'est cette dépendance qui me ramenait toujours vers la mort et à des pensées continuellement négatives, c'était l'horreur. Pour être soulagée, il fallait toujours en prendre plus, c'était un labyrinthe infernal.

Il fallait à tout prix ne plus penser, il fallait arrêter cette autodestruction. Alors j'essayais de me distraire en sortant de plus en plus le soir jusqu'à m'étourdir mais je n'en éprouvais aucun plaisir et quand je me retrouvais seule dans mon lit, je me mettais à pleurer de plus belle.

Si seulement j'avais pu me confier à quelqu'un, mais je n'avez personne d'assez proche ou d'assez intime pour soulager ma conscience. La douleur que je refoulais sans pouvoir l'exprimer à fini par me rendre agressive, autoritaire, dure beaucoup moins sensible.

Ne dit-on pas :

" La meilleure défense c'est l'attaque."

Je me forgeais une carapace qui donnait l'impression que rien ne pouvait m'atteindre. La petite fille timide, naïve, docile, obéissante était devenue une autre femme.

J'avais perdu mes illusions, je me repliais sur moi-même.

En société au contraire, je riais beaucoup, j'avais l'apparence d'une jeune fille heureuse, mais tout cela était superficiel. En réalité, j'étais une écorchée vive, d'une extrême sensibilité, incapable de parler à qui que ce soit de ce mal intérieur qui me dévorait comme un cancer.

Une grande plaie béante qui refuse de cicatriser, j'étais prisonnière de ma souffrance, prisonnière de mon corps et mon cerveau qui géraient tout sans que je puisse réagir. J'étais l'otage de ma propre douleur, sans pouvoir prendre de la distance avec elle, j'étais entraînée de force dans une spirale infernale.

J'avais l'impression d'être dans un autre corps que le mien, je ne me reconnaissais plus. J'avais l'impression avec ces drogues d'être comme sur un nuage, de flotter, j'étais là mais sans pouvoir réagir, je suppliais d'arrêter de souffrir.

Il n'était pas question d'oublier, je n'oublierais jamais, mais je demandais juste à pouvoir survivre sans souffrir dans cet enfer.

C'est là que je me suis rendu compte à quel point maman avait dominé et façonné ma vie à son image et l'empreinte qu'elle avait exercé sur moi.

Mais j'ai aussi compris, combien je l'avais aimé pour souffrir à ce point de sa mort.

CHAPITRE XVIII

LA CULPABILITE

La culpabilité m'a poursuivie tout au long de ma vie, j'avais beau me répéter, que tout ce qui était arrivé était un concours de circonstances, en me disant que si la tante Lucienne n'avait pas été là, je n'aurais pas quitté la maison après la gifle monumentale de mon mari, car je n'aurais pas su où aller coucher.

Et, je ruminais tout le temps :

" Pourquoi ai-je fait ça ? "

" Pourquoi ne suis je pas revenue ? "

Mais il ne m'en a pas laissé le temps !

Je pensais sans arrêt à mes deux petits que j'allais voir régulièrement tous les 15 jours. Mais là encore, impossible de leur parler de tout cela, j'avais peur de leur réaction, pensant que leur belle mère devait plutôt m'enfoncer.

Pourquoi je ne me suis jamais défendue, jamais expliqué auprès d'eux, pourtant j'aurais dû le faire, leur dire que je n'avais jamais voulu cela, leur dire qu'à cause de la demande de divorce de leur père que tout cela est arrivé sans même essayer de me demander de revenir, alors qu'en réalité le seul grief qu'il avait contre moi, étaient ces fichus horaires de travail.

Divorcée juste à cause d'horaires de travail est quand même un comble. Alors que s'il l'avait voulu, tout aurait pu s'arranger par le dialogue, mais il n'y a jamais eu de dialogue ni avant, ni après.

Je voulais leur dire que je les aimais, j'aurais voulu les consoler de la peine que je leur faisais, mais je n'y arrivais pas.
J'aurais tellement voulu revenir en arrière, mais c'était trop tard et impossible, mon mari s'était vite remarié et ne voulait plus de moi, je n'y pouvais plus rien, cela me minait jour après jour.

Mais dois-je payer toute ma vie, je ne pensais quand même pas mériter ça.

Ce n'est que bien des années plus tard, que je me suis dit, comme je suis incapable de leur expliquer ce qui s'est réellement passé, je leur ai écrit pour leur demander pardon et leur donner tous les détails de ma séparation avec leur père.
Je voulais qu'ils sachent pourquoi, comment et dans quel état d'esprit j'étais à ce moment là. Je n'ai pas essayé de me trouver d'excuses, j'ai été honnête et sincère dans mes propos.

J'attendais une réponse, mais elle n'est pas venue. Cela me conforta dans la peur de leur parler, et augmenta encore un peu plus ma culpabilité.

Je me sentais de plus en plus seule, j'avais tout perdu, mes enfants, ma maman, mon mari, mon travail, il ne me restait plus rien, ni personne

"Pourquoi continuer à vivre et pour qui ?"

J'étais prête à tout pour ne plus souffrir, j'étais prête à mourir.

Maman avait rempli à elle seule toute le vide de ma vie, le néant qu'il y avait autour de moi. Ma vie c'était elle, et elle seule, je ne vivais que par elle, pour elle, qu'avec elle.

En tant qu'enfant sans famille, elle représentait mon unique et seul univers.

Lorsqu'elle a disparue, le choc fut épouvantable et violent, je me retrouvais dans la même situation qu'a ma naissance, abandonnée pour la seconde fois. J'étais comme un condamné devant l'échafaud, je me sentais mourir avec elle je savais que je ne pourrais jamais vivre sans elle, ma vie était finie.

Le désarroi subi dans une atroce détresse, vous incite presque toujours à s'accrocher à tout ce qui pourrait vous soulager dans le supplice que vous endurez. Souvent le surnaturel prend une place prépondérante.

Il m'arrivait souvent de m'imaginer l'apparition de maman, telle la Vierge Marie. Cela se passait surtout dans les moments les plus noirs de mon existence.

J'étais certaine dans mon délire qu'elle m'apparaîtrait un jour, j'en était certaine.

Je la voyais sortir de son grand nuage blanc laiteux, entourée d'anges qui me souriaient. Elle venait vers moi en me tendant les bras sereine et apaisée, en me disant de sa voix si douce qui résonne encore dans mes oreilles :

" Viens ma petite fille, ne souffre plus, je te pardonne. "

L'émotion était si forte à son paroxysme, le miracle s'était accompli. Le bonheur si intense que mon cœur s'arrêtait de battre et je mourrais de bonheur et de joie à ses pieds.

Je me réveillais dans ces cas là en sursaut avec cette effroyable douleur dans le cœur. J'étais en sueur, anéantie. Je sanglotais sans pouvoir me rendormir.

A cette période très sombre, j'étais entrain de sombrer dans la folie, je délirais, je devenais complètement folle.

J'avais des hallucinations, j'étais droguée, et le réel avait fait place au surnaturel .

J'étais persuadée que cela devait arriver un jour, maman ne pouvait pas mourir, elle ne pouvait pas me laisser seule, elle ne pouvait pas m'abandonner, elle allait, elle devait ressusciter comme le Christ.

Pour moi dans ma folie, c'était une évidence, un lien indestructible nous unissait, il étai impossible qu'elle soit partie, je ne pouvais pas vivre sans elle, il fallait qu'elle revienne et je le voulais si fort, que je pensais que ce rêve allait se réaliser.

Je me torturais jour et nuit en m'infligeant cette autodestruction pour me punir, m'empêcher de vivre. Je me complaisais dans cet enfer que je croyais avoir mérité.

Maman m'avait laissé trop de souvenirs, son empreinte était marquée au fer rouge dans mon corps. Il fallait payer. Je n'avais pas le droit d'être heureuse, j'avais une dette envers mes petits, envers maman,

Je pensais très souvent que je ne méritais pas d'être aimée.
Comme cela fut le cas aussi pour ma naissance.

C'était ma punition

C'était devenu catastrophique, les drogues et antidépresseurs, me poussaient à franchir de nouveau l'irréparable, je devais lutter mais je n'en avais pas la force, j'étais épuisée, j'étais devenue un corps sans vie, vidé.

On ne peut pas s'imaginer si l'on ne l'a pas vécu, ce qui se passe dans la tête, lorsque l'on est malade à ce point, il y a des bruits infernaux qui résonnent dans notre tête meurtrie. A la douleur morale s'ajoutent des douleurs physiques épouvantables, j'avais mal partout, entre les psychiatres et les autres médecins j'allais d'hôpitaux en hôpitaux.

J'étais certaine à cette période de finir en fauteuil roulant, tous les médecins consultés répétaient la même chose, c'est de la fibromyalgie. Ce qui prouve bien que notre corps et notre esprit sont extrêmement liés.

Ça faisait atrocement mal. Je n'avais aucun répit. J'avais l'impression que mes chairs étaient déchiquetées, broyées, passées dans un moulin, je n'arrivais pas à comprendre que mon cerveau était le seul coupable de ces atroces douleurs.

Je voulais pourtant vivre, mais c'est mon cerveau qui commandait, j'étais tellement angoissée, prisonnière de mon corps et de mon esprit, j'avais l'impression d'être retenue par d'immenses tentacules qui me broyaient comme celles d'une pieuvre, elles me serraient tellement fort que je m'étouffais, avec toujours cette impression de mort imminente. La mort était là tout le temps, j'avais beau la repousser, elle revenait sans cesse, et incapable de contrôler ces crises de paniques hallucinogènes.

QUATRIÈME PARTIE

CHAPITRE XIX

LA RENCONTRE

Mais c'était sans compter sur mon ange gardien, il était temps, car j'étais entrain de sombrer définitivement.

Je venais d'avoir quarante quatre ans, depuis l'âge de 30 ans j'avais vécue seule, une vie de galère, de souffrances, ce qui m'a manqué le plus c'est de ne pas pouvoir me confier à qui que ce soit. Ma seule amie, ma seule confidente était Cybèle.

Je me rappellerais toujours ce fameux jour du onze avril 1981, où enfin je rencontrais mon futur mari.

Il faisait un temps magnifique, un beau soleil qui illuminait un peu mon quotidien, cela m'arrivait de sortir quelquefois, avec deux copines beaucoup plus jeunes que moi. C'était un samedi soir, nous avions décidé d'aller déjeuner dans un restaurant à Neuilly.

Nous étions attablées toutes les trois, ou plutôt toutes les 4, car j'avais mon petit trésor avec moi, ma petite Cybèle, de toutes les quatre, celle qui avait le plus de charme c'était elle, elle était assise comme une grande personne, bien droite sur sa chaise avec ses deux petites pattes sur le rebord de la table, dans l'attente d'un petit reste de repas.

On rigolait !

J'ai toujours pensé que j'avais une protection divine qui me protégeait, grâce à ma maman, et j'étais persuadée qu'elle me voyait du paradis.

Et cette providence m'apparut ce jour là, puisque dans le fond de la salle de restaurant, se trouvait un groupe de personnes réunies faisant partie d'une entreprise, ils étaient aussi entrain de manger. Je n'avais pas remarqué qu'un beau jeune homme venait vers nous en sortant.

Nous étions trois jeunes femmes, mes deux copines qui étaient nettement plus jeunes que moi, l'une d'elle, une jeune fille blonde très délurée, qui n'avait pas froid aux yeux, lui dit :

" Venez vous asseoir avec nous."

il n'a pas fallu lui dire deux fois, il s'installa avec nous.

Il m'avait repérée, j'ai compris de suite que j'avais sa préférence malgré mon âge.

C'était réciproque, il m'a plu de suite.

J'attachais beaucoup d'importance au physique, j'avais dans mon célibat de 15 ans rencontré beaucoup d'hommes, mais chaque fois, ils ne me plaisaient pas, ou alors c'est moi qui ne leur plaisait pas, je n'ai jamais recherché à trouver un homme riche.
C'était très difficile, car même à 45 ans, les hommes voulaient toujours des femmes beaucoup plus jeunes que moi.

Il était temps, car j'étais vraiment au bout du rouleau, droguée par les médicaments, et 15 ans de solitude ne m'aidait pas à surmonter 25 ans de dépression.

C'était pour une fois le type d'hommes que je recherchais, grand bien sûr, les petites femmes c'est bien connu, veulent toujours de grands hommes, et brun de surcroît, ce qui me plaisait.

C'était un célibataire endurci de 35 ans, et un capricorne, comme mon premier mari, or ce signe est très austère, pas du tout démonstratif, très avare de tendresse, malheureusement j'en avais fait l'expérience avec mon premier époux.

Mais il me plut pas sa gentillesse et sa simplicité, et surtout il ne me posait pas de questions, c'était cela que je redoutais le plus.Tout paraissait facile avec lui, il ne me demandait rien sur mon passé.

Ce n'était pas la passion que j'ai vécu quelques années plus tôt, mais il m'apportait la sérénité, et je ne me sentais plus seule. Enfin quelqu'un à qui parler, peut être confier mon immense douleur, et mon passé .

Mais comment lui avouer que j'étais différente des autres femmes, comment lui dire que je n''avais pas de parents.

" Allait-il me quitter si je lui disais ?"

J'avais peur, je reculais toujours le moment de lui dire. Heureusement, il devait se douter d'un lourd secret, mais il ne me posait aucune question.

" Allez -il avoir honte de moi ?"

Il allait bien falloir pourtant lui dire, puisque notre relation devenait rapidement sérieuse, et un beau jour de printemps où nous étions allés nous promener dans Paris, il faisait beau, un ciel bleu sans nuages comme notre couple actuellement, je me lançais d'une petite voix nasillarde et tremblotante :

"Tu sais, il faut que je te dises mon secret, je n'ai pas de parents, ma mère m'a abandonnée."

Il me répondit :

" Je me doutais bien qu'il y avait quelque chose, mais pour moi cela ne change rien, je t'aime tel que tu es."

Quel soulagement ! Enfin ça y est, je l'ai dit ! Mais c'était tellement difficile d'avouer ça.

Avec lui, pas d'effusions, pas de câlins, il n'était pas démonstratif, mais à cette époque, je préférais cela à un beau parleur, cependant, je dois avouer qu'après presque 40 ans de vie commune, je me demande toujours s'il m'a vraiment aimé, puisqu'il ne me l'a jamais dit, jamais de mots tendres lors de ma maladie, jamais de câlins lors de mes crises de désespoir.

J'aurais tant voulu qu'il me console, qu'il me prenne dans ses bras lorsque j'avais mal ou que je pleurais. Tout au long de ces années de souffrances c'est ce qui m'a manqué le plus, c'est de ne pas avoir eu le soutien de mon époux, et de ne pas avoir eu la tendresse et l'affection que j'attendais, je lui ai fait pourtant comprendre, mais ce n'est pas venu.

La vie cependant devint beaucoup plus gaie, moins monotone, et surtout maintenant je n'étais plus seule, j'avais quelqu'un à qui parler, mais toujours pas librement de mon calvaire. Ce n'est que petit à petit que je me mis à lui confier ce mal qui me rongeait, d'une part, le fait de me sentir coupable de ne pas être comme tout le monde, et d'autre part, de ne pas arriver à oublier la mort de maman.

Je commençais tout doucement à me libérer et lui dire ce que je n'avais jamais dit à personne, il écoutait et compatissait, mais paradoxalement, alors que maintenant j'avais une épaule sur qui reposer, une stabilité, j'aurais du aller beaucoup mieux, ce fut le contraire.

Je ne comprenais pas pourquoi, j'étais de plus en plus mal, la cause je pense est due à ces 15 années de lutte pour ne pas sombrer, me battre pour arriver à survivre, d'un seul coup, mes nerfs ont lâché, j'ai craqué, ce fut l'effet inverse qui se produisit.

Pourtant, j'aurai dû être heureuse, j'avais retrouvé un semblant de bonheur et l'amour.

Comme il avait vécu seul depuis des années, il savait tout faire surtout de bons petits plats qu'il me préparait. C'était un bon vivant, il me fit apprécier le bon vin, et me fit par la suite découvrir aussi de beaux voyages, enfin j'avais tout pour être heureuse.

CHAPITRE XX

LA DECHEANCE

Dès lors mon état de santé au lieu de s'améliorer, se dégrada fortement. Les antidépresseurs et les anxiolytiques, m'aidaient à tenir le coup tant bien que mal, mais à la douleur morale venaient s'ajouter des douleurs physiques intolérables à tel point que j'avais mal partout dans mes muscles comme si on m'avait battu. A cette époque, il m'était impossible de me toucher les bras, les jambes sans pousser un cri de douleur.

Tout mon corps n'était que souffrance, des douleurs multiples apparaissaient, douleurs d'estomac, de reflux gastriques, de vomissements récurrents, des malaises quasi quotidiens ne me laissaient jamais de répit.

J'étais devenue une loque humaine, incapable de travailler, assommée par tous ces antidépresseurs, je restais couchée et je pleurais toute la journée, moi si coquette, je n'avais même plus la force de m'habiller, j'étais en peignoir du matin au soir.

Mon état de délabrement était inimaginable, je croyais vraiment que je me voyais mourir, je n'avais plus de force pour réagir. Je me laissais aller vers le fond dans ce grand néant tout noir, vers ce précipice qui m'attirait et me faisait peur en même temps.

Avec ces douleurs dévastatrices, il y avait toujours ce même rêve récurent, qui revenait inlassablement me hanter dans mon sommeil. J'essayais d'évacuer des excréments, c'était horrible. Un jour j'en parlais au psychiatre, il me dit que probablement c'était la façon que mon corps avait de me libérer de ce mal intérieur, d'évacuer ce qui me détruisait.

Toutes les nuits sans exception, je me retrouvais entourée de visions monstrueuses, je délirais, j'étais dans un monde irréel.

Je voyais Maman, elle m'apparaissait couverte de sang, elle était mortellement blessée, elle était entrain de mourir, et au même moment je sortais de ses entrailles, en hurlant.

Des cauchemars épouvantables qui se ressemblaient nuit après nuit, le monde réel m'échappait, je sombrais dans le néant.

J'avais tellement mal physiquement que j'étais persuadée que j'avais une maladie grave que ne trouvait pas les médecins, j'allais de psychiatre en psychiatre, et d'hôpital en hôpital, je les ai presque tous faits, car je ne comprenais pas pourquoi j'avais si mal dans mes os, dans tout mon corps, et à chaque fois le médecin me faisait a même réponse :

" C'est la fibromyalgie."

Dans mes crises d'attaque de panique, d étouffements, Bernard était obligée de m'emmener sur le balcon afin que je puisse respirer.

Un certain dimanche ou nous rendions visite à des amis du coté de Tours, j'avais pourtant l'air d'aller bien, on riait de tout et de rien, on était bien, mais tout d'un coup, sans savoir pourquoi, une crise épouvantable, tellement aiguë, que je fus transportée aux urgences, et comme toujours, pour me calmer injection de tranquillisants.

Ma maladie était très grave, alors le médecin dit à mon époux, il faut l'hospitaliser plusieurs semaines, le rendez vous fut pris à Hôpital Sainte Anne, l'hôpital des fous.

On rencontre le médecin celui-ci me dit :

" On va vous hospitaliser 3 semaines !"

Je savais ce qu'il allait se passer, on allait m'administrer de fortes de doses de calmants, m'assommer pour me mettre dans une sorte de torpeur, de coma artificiel, pendant plusieurs jours, toutes visites naturellement interdites pendant 3 semaines.
Je pris peur et me dit :

" Je suis donc folle ?"

Je me suis enfuie de suite, je ne voulais pas de camisole de force, ni d'être mise dans un espèce d'état comateux, et puis il y avait ma petite Cybèle !

Retour à la maison , avec mes cauchemars, mes angoisses et mes douleurs !

Je devenais folle, je perdais la raison, je n'arrivais plus à penser.

Un beau jour, je me suis aperçue que mes urines étaient vraiment très noires comme du charbon, je me mis à paniquer, pensant comme toujours que j'avais une maladie grave, De suite encore visite chez le médecin, analyses d'urines, rien d'anormal. Le docteur me dit :

" Je ne sais pas, maintenant tout est normal, c'est votre corps qui réagit à un violent traumatisme."

Ce qui me faisait le plus peur, c'étaient les crises de tétanie, les symptômes étaient toujours les mêmes, mes doigts se raidissaient, je ne pouvait plus les faire revenir dans leur position normale, puis je vomissais et là à chaque fois je me sentais mourir, je sentais mon cœur s'en aller et je tombais en syncope.

Bernard ne s'affolait jamais, n'appelait pas le médecin, je revenais à moi rapidement 2 à 3 secondes plus tard, mais avec sueur froide sur tout le visage. Je n'aimais pas ces crises car je me sentais mourir avant la syncope. Cela se passait souvent avant un repas, notamment chez ma sœur Huguette, dans un restaurant chinois, ainsi qu'assez récemment chez le coiffeur, mais la plupart du temps c'était à la maison.

J'essayais de toutes mes forces de comprendre pourquoi je n'arrivais pas à surmonter cette douleur, pourquoi je m'enfonçais toujours un peu plus dans ce néant, pourquoi suis je dans un immense puits au fond duquel se trouvent des fantômes, des enfants, des mères, des pères, des mamans, et tous hurlent à la mort ! Je suis avec eux, je ne saisis pas ce qu'ils veulent, mais ils voudraient comme moi, essayer d'atteindre cette petite lumière que j'aperçois tout en haut en levant la tète, ce tout petit coin de ciel bleu.

Mais comment l'atteindre ? Comment arriver à remonter tout en haut ? C'est vraiment trop haut, mes forces m'abandonnent, je sens que je n'y arriverais jamais, je regarde tout autour de moi dans la pénombre, personne. Je suis seule parmi tous ces gens qui me ressemblent.

Le trou est immense plein de boue gluante, de fange, aussi de sang, et d'eau qui ressemble à des larmes, beaucoup de larmes, je patauge là dedans. J'entends des hurlements inhumains qui me font peur, peur des cauchemars morbides qui s'en suivent, la peur d'y rester toute ma vie et de ne jamais en sortir.

Car tout en haut, très haut dans le bleu du ciel, je vois un visage très flou qui me regarde tendrement, celui de maman ou celui de ma mère ? Mais dès que je veux l'approcher il s'évanouit, je ne vois plus rien, c'est atroce !

Il faut absolument que j'aille la rejoindre, je sais qu'elle m'attend, elle m'appelle, c'est pour ça qu'elle apparaît, mais je n'y arrive pas je me noie à chaque fois, je recommence et quelqu'un m'enfonce encore plus la tète sous l'eau. Comment faire ? Comment aller vers elle, elle est là, mais les marches sont si hautes et je n'ai pas la force nécessaire pour les monter, je suis anéantie.

J'ai pourtant, tout essayer pour escalader ces marches et remonter à la surface, je les vois tour a tour elles se relayent ma maman m'appelle, puis ma mère apparaît à son tour, et toutes les deux s'évaporent à nouveau me laissant dans un profond désarroi, une extrême détresse m'envahit, les antidépresseurs puissants, hôpitaux, psychiatres n'y font rien, je sombre de plus belle, la douleur est insurmontable je suis en enfer.

Dans le fond de mes ténèbres, j'appelle sans arrêt ma mère, mais personne me répond, dans ma nuit noire, je crie au secours, qui peut me lancer une corde assez longue pour m'aider à franchir les marches ?

Je vois bien quelques relations, mais ils ne peuvent pas me tendre la main, car d'une part la distance est très longue et compliquée, et d'autre part, ils n'ont pas le bras assez long pour ça.

Bernard ne voyait rien, en tout cas il ne le montrait pas et n'essayait pas de me consoler ou de me réconforter, j'avais pourtant tellement besoin d'affection, j'étais toute seule, je n'avais plus la force de me lever.

Après une année de vie commune, Bernard décida de m'emmener voir ses parents, j'étais comme une collégienne face aux examens, c'était un événement majeur pour moi, je me demandais comment ils allaient m'accueillir.

Moi, qui n'avait pas de parents, et plus ma maman, j'avais hâte de les rencontrer et de les aimer, retrouver un semblant de famille, ne plus être seule au monde.

L'accueil a été plutôt sobre, sans effusions, un peu froid, mes beaux parents étaient des gens simples, mais égocentriques et égoïstes, ils n'avaient pas eu une vie facile, ils travaillaient encore dans les marchés des alentours en vendant de la bonneterie.

Ce n'ai pas un métier de tout repos, il fallait se lever aux aurores par tous les temps, affronter le froid très rude en Alsace, ce qui ne leur laissait que peu de temps pour s'occuper de leur fils unique.

C'est pourquoi mon mari a eu une enfance solitaire livré à lui même, il devait se débrouiller seul à la maison pour faire son petit déjeuner avant d'aller à l'école. Et à l'age de 12 ans, ils ont décidé de le mettre en pension chez les curés, où il était très mal traité.

Ses parents étaient très durs envers lui, il n'y avait jamais de marque d'affection, les anniversaires et les fêtes de Noël n'étaient pas célébrés.

Pour leur plaire surtout au début je les couvrais de cadeaux, ma belle mère avait aussi un caniche, il était gris c'était un mâle, il l'appelait Capi, avec Cybèle ils s'entendaient bien, mais autant Cybèle était douce et intelligente, gentille, autant Capi était une vraie teigne, il était impossible de le caresser, il montrait les dents, et la personne qu'il mordait le plus était ma belle mère lorsqu'elle voulait lui faire prendre son bain.

Le travail passait avant tout.

Moi, j'avais de la peine pour lui, leur indifférence m'était insupportable, j'aurais voulu leur dire, mais je n'ai jamais osé aborder ce sujet, et quant je demandais à Bernard, pourquoi il ne réagissait pas il répondait :

" Ce sont mes parents je les prends tel qu'ils sont, je ne peux pas les changer !"

Au contraire, il redoublait de gentillesse avec eux, l'éducation rigoureuse qu'il avait reçue lui faisait respecter toutes leurs décisions.

Avec le temps, par la suite je me suis aperçue que ma belle-mère était jalouse de moi, elle avait quatre ans de plus que son mari, et ne manquait pas l'occasion pour faire remarquer à son fils que moi, j'avais onze ans de plus que lui, et donc de se méfier.

En outre, je lui prenais son fils unique, j'étais divorcée et plus âgée que lui, et le comble, j'avais deux enfants.

C'était trop ! Heureusement, ils ne savaient pas encore que j'étais une enfant trouvée !

Chaque fois qu'on leur rendait visite, c'était toujours des remarques désobligeantes, parfois très méchantes, lorsque j'abordais ma dépression, elle disait à son fils :

" Je te plains !"

et à mon encontre, elle ajoutait :

" La dépression ça n'existe pas, c'est du du cinéma !"

A chaque pic de ma belle-mère, J'attendais au moins que mon mari me défende, eh bien non ! Il avait peur de ses parents, ils pouvaient me dire toutes les méchancetés qu'ils voulaient, Bernard ne disait rien.

Dans les années qui ont suivies, cela a était des moments de discorde entre nous pour cette raison.

J'étais toujours tiraillée par le remords pour tout le mal que j'avais fait autour de moi à ceux que j'aimais, et le désir de retrouver ma mère qui ne me quittait pas.

Maintes fois on me conseillait d'écrire un livre ou de parler de mes tourments autour de moi, afin d'extérioriser ma souffrance, chose que jusqu'alors je n'avais jamais voulu faire.
Mon mari me dit :

" Tu devrais en parler à mes parents."

J'en n'avais pas envie, mais je le fis, c'est bien ce que je pensais, la démarche fut une catastrophe, une erreur monumentale.
J'avais honte de leur avoir dévoilé mon secret dans l'espoir qu'ils pourraient comprendre mon désespoir, et j'attendais de leur part un peu de compréhension et de compassion .

Je n'ai obtenu aucun mot de réconfort, uniquement un mot très dur à l'encontre de ma mère.

" C'est une salope."

Quelle déception, cette expérience me conforta encore plus dans mon idée de garder le silence de mon abandon à des personnes non concernées qui ne peuvent pas comprendre la détresse de tous ces enfants nées sous X.

Et puis toujours ces réflexions sur mon âge, tu sais réfléchis bien avec une femme plus âgée que toi, et de surcroît divorcée avec deux enfants.

Heureusement pour une fois, il n'écouta pas ses parents.

Et c'est par une belle journée de printemps ensoleillée qu'un jour alors que nous étions justement en Alsace chez mes beaux parents qu'il me fit sa déclaration :

" Veux tu m'épouser ?"

Naturellement, j'étais folle de joie, j'avoue que je m'en doutais quand même un peu. J'avais trouvé un compagnon sur qui j'allais pouvoir m'appuyer, confier mes malheurs, mes peines, je ne serais plus seule dans la vie, j'allais peut être retrouver le bonheur, ne plus être toujours triste.

J'avais hâte de l'annoncer à mes deux petits que je voyais toujours comme d'habitude tous les quinze jours, l'aîné avait obtenu d'excellents résultats scolaires qui lui permettaient de poursuivre de brillantes études dans la prestigieuse écoles des Arts et Métiers de Paris.

Il a obtenu brillamment un poste d'ingénieur à l' EDF, il est venu habiter quelque temps avec moi.
J'étais ravie et tellement fière de lui, et surtout si heureuse d'avoir mon fiston près de moi.

Il m'avait tellement manqué, j'étais cette fois comblée et enfin heureuse comme je ne l'avais jamais été, pendant cette période, c'est merveilleux, j'avais récupéré un de mes fils avec moi.

Et comme toujours, je n'ai pas su lui dire.

Ce bonheur fut cependant de courte durée, il avait connu durant ces études une jeune fille du Nord, et celle ci était très amoureuse de mon fils, elle lui écrivit et elle venue s'installer avec nous à Paris.

Comme je venais d'officialiser notre union, mon appartement se trouvait inoccupé, ils s'installèrent chez moi.

J'étais vraiment heureuse pour mon fils, mais aussi tellement triste de ne pas le garder plus longtemps pour moi toute seule, nous avons été si heureux pendant ce court laps de temps où nous étions tous les deux. Je n'avais rien contre elle bien au contraire, j'aurais juste voulu qu'elle me laisse encore un peu plus de temps mon fils avec moi, alors quand elle arriva, je n'ai pas été très sympa, pourtant, je la trouvais très jolie, c'était une jeune fille très brune, un peu typée, la peau mate les cheveux aussi noirs que ses yeux, une vraie italienne.

Elle était originaire de Calabre, sa mère veuve avait élevée seule ses deux enfants, je l'ai reçue très gentiment, mais elle a du sentir quand même un peu de déception car encore une fois, je n'ai pas su lui dire, que je ne lui en voulais pas de me le prendre aussi vite, et pas su lui dire que je la trouvais jolie.

J'ai été très maladroite, par manque de communication, un malentendu s'est installé entre nous, elle a cru sans doute que je ne l'acceptais pas et ils ont décidé de s'installer ailleurs et bien sûr, encore là, je n'ai pas su les retenir.

J'aurais voulu leur dire :

" Je t'aime bien et je suis heureuse de t'avoir comme belle fille."

Heureusement, nous nous sommes revus ensuite régulièrement.

CHAPITRE XXI

LE MARIAGE

Nous avions prévu de nous marier le 16 Juillet 1981, en Alsace, j'avais 45 ans.

Ce qui devait être le plus beau jour de ma vie, a été aussi le plus sombre et le plus triste de mon existence. Tout le passé a resurgit devant moi, me faisant apparaître ma condition d'enfant différent, d'enfant de nulle part, d'enfant trouvée.

J'étais bien seule !

Car, il n'y avait pas d'invités pour moi. Mes enfants ne sont pas venus pour ne pas déplaire à mon premier époux, la seule personne présente à mon mariage fut Huguette avec son mari.

Toute la famille de Bernard était là, tout le monde riait, avait l'air heureux, sauf moi. Personne ne s'est aperçu de mon désarroi, de ma tristesse, même pas Bernard. Sous leurs airs hypocrites, ils me regardaient comme une bête curieuse, étonnés de ne voir personne de mon coté. Je savais ce qu'ils se disaient, j'entendais leurs réflexions et j'avais le cœur lourd, ces non-dits me mettaient très mal à l'aise.

Ce qui devait être une journée radieuse et inoubliable, en réalité, a été que très pénible et très douloureuse.

C'est dans ce genre d'occasion où toute la famille se réunit, que la réalité vous saute aux yeux et que l'on s'aperçoit du gouffre qu'il y a entre eux et moi, impossible à combler.

Pourquoi dois-je subir cette torture, cette humiliation, alors que je devrais être la plus heureuse des femmes.

Je me sentais de plus en plus seule au monde, Bernard n'a rien vu. Le drame du passé est là, et sera toujours là pour me le rappeler à chaque moment de mon existence. Même si je voulais l'occulter, je ne pourrais pas, son empreinte dans mon esprit et dans mon corps est indélébile. Tout me ramène à mon passé et à mon tragique destin.

Quand mes beaux parents ont appris la nouvelle, ils ne furent pas surpris, très égoïstes et égocentriques, la seule chose qu'ils nous ont dit, est qu'ils ne voulaient pas participer aux dépenses du marinage, ni aux repas qui devrait se faire à l'extérieur de chez eux. C'est Bernard leur fils unique, qui a tout organisé et payé.

Après notre mariage, nous sommes allé quelques jours en voyage de noces dans le midi où Bernard avait de la famille, mon mari me dit tu peux laisser Cybèle à ma mère pendant ce séjour.

Comme je le regrette, car par manque de chance, c'est justement à cette période que mon petit trésor tomba malade, une cystite qui se dégrada rapidement à un tel point qu'une semaine après notre départ, ma belle mère, nous dit que Cybèle était au plus mal.

Ma belle mère étant tellement radine ne l'avait pas emmenée chez le vétérinaire. Quand elle se décida à l'emmener in extremis, elle nous dit que le vétérinaire lui a dit qu'il fallait l'opérer, mais elle ne l'a pas fait, et si mal que le vétérinaire lui proposa de l'euthanasier.

Je n'ai jamais pardonné à ma belle mère autant de négligence.

Heureusement, elle a tenu bon, car elle savait que je ne l'abandonnerais pas. Je ne l'ai plus jamais confié à qui que ce soit ensuite.
Mais elle ne s'est jamais remise des mauvais traitements de ma belle mère, pendant 7 années ma pauvre petite chienne a souffert. Je l'ai soigné comme un enfant. Je lui donnais à l'aide d'une pipettes des tisanes et je lui mettais des couches à cause des pertes qu'elle avaient. Elle a beaucoup souffert, je croyais toujours la perdre, mais chaque fois elle se rétablissait.

Ma petite chienne avait tout compris, à partir de ce jour elle n'a plus jamais voulu aller sur ses genoux, alors qu'elle allait sur ceux de mon beau père.
Et chose extraordinaire, par la suite lors de nos voyages chez mes beaux parents, chaque fois elle n'avait qu'une peur c'est que nous la laissions de nouveau. Alors lors des préparatifs de départ, elle campait au pied de la voiture et impossible de la déloger jusqu'à notre départ.

De même à l'aller c'était pareil, bien avant d'arriver chez eux, au moins 100 km avant, je ne sais pas comment elle devinait, mais elle se mettait à pleurer, on entendait un petit couinement de peur, c'était stupéfiant, elle en avait gardé un traumatisme épouvantable.

Elle a lutté jusqu'au bout de toutes ses forces, et moi par égoïsme, j'ai tout fait pour la garder le plus longtemps possible, malgré ses souffrances.

J'aimais tellement cette petite chienne que dans mon délire, j'étais certaine, qu'elle avait tellement d'intelligence et m'apportait tellement d'amour, qu'elle ne pouvait être que la réincarnation sur terre de Maman !

Je me souviens aussi de ces très bons moments de joies, elle aimait beaucoup Bernard. Nous faisions exprès de nous embrasser pour voir sa réaction, elle était jalouse et ne supportais pas qu'on s'embrasse. Elle nous le faisait savoir par un petit grognement à chaque fois et cela nous faisait bien rigoler.

Elle avait un comportement génial pour nous faire comprendre ce qu'elle désirait. La nuit, elle couchait dans son panier à coté de notre lit, elle se réveillait souvent avant nous. Pour ne pas nous réveiller, enfin c'était surtout à Bernard qu'elle s'adressait, elle allait s'installer juste devant lui, sans essayer de monter dans le lit, mais en lui soufflant sur le visage. Nous ne pouvons pas oublier tout cela.

Aujourd'hui après 30 ans, elle me manque encore terriblement à tel point que je ne peux pas encore en parler, ni la voir en photo sans pleurer. Je ne me suis jamais remise de sa mort, je ne l'ai jamais remplacée, il n'y aurait toujours qu'elle dans mon cœur. En prenant un autre chien, j'aurai l'impression de la trahir, comme avec une personne.
J'ai vraiment atteint l'apogée de ma déchéance, le jour du décès de ma petite Cybèle.

C'était un petit matin du Vendredi 13 Juillet 1990, je n'oublierai jamais ce jour maudit.
Je ne maîtrisais plus rien, j'avais tout perdu, j'étais dévastée, il y avait bien Bernard, mais mon mari n'a jamais été très affectueux, je n'ai jamais entendu dire je t'aime, jamais de câlins, ni de bisous, cela m'a toujours manqué surtout au début de notre rencontre, je me demandais toujours pourquoi il m'avait épousé, je me suis toujours posé la question : m'aime t-il vraiment ?

Pourtant il me voyait dépérir de jour en jour, je touchais le fond, je vivais en enfer.

J'étais prisonnière de moi-même, je me voyais enfermée, enchaînée au fond d'un cachot tout noir d'où j'étais incapable de m'échapper.

Ce fut la période la plus sombre de mon existence, où m'apparaissait dans la pénombre de la nuit, des créatures monstrueuses, qui me surveillaient afin de m'empêcher d'être heureuse. Je leur obéissais de peur d'être punie davantage. Dans les ténèbres de mon cerveau détraqué, je les sentais tournoyer au dessus de ma tête tel des vautours attendant ma dernière heure pour me dévorer. J'étais convaincue que je devais subir cette démence pour payer mes fautes. Je n'avais pas le droit au bonheur.

Bernard ne me consolait jamais, je n'ai jamais reçu d'affection, ni de tendresse dans ces moments là, même au début de notre mariage, jamais de câlins, c'était très dur, pourtant, il voyait bien que j'étais au plus mal et que j'allais faire une bêtise.

Il était, je crois, impuissant devant tant de souffrances, cependant un matin au petit déjeuner il me dit :

" Alors, ta seule solution est de te laisser mourir ?"

" Oui, je n'en peux plus, je veux mourir !"

" C'est vraiment ce que tu veux ?"

Après avoir réfléchi longtemps aux propos de mon mari, je n'avais que deux solutions vivre ou mourir.

Dans un sursaut de désespoir et de lucidité, j'ai entrepris quelque chose de surhumain pour finalement choisir de vivre, pour mon mari et aussi pour mes enfants et petits enfants que j'adorais.

Mais comment faire, la tâche était très rude et difficile, je savais que pour y arriver je ne pouvais compter que sur moi-même. Il fallait que j'ai la force d'y arriver, il le fallait, vivre ou mourir.

Dans mon cerveau vide de bon sens, circulaient des propos incohérents, des idées qui ne correspondaient pas à la réalité.

A partir de ce moment, pour échapper à ce calvaire, il m'a fallu une volonté de fer, j'ai du accomplir un travail surhumain sur moi, jour après jour pour arriver à survivre à défaut de vivre.

Pour m'en sortir, j'ai du accomplir quelque chose d'horrible je m'obligeais à salir la mémoire de maman, me convaincre qu'elle m'avait élevé par égoïsme, pour se faire plaisir, parce qu'elle ne pouvait pas avoir d'enfant. J'essayais de me déculpabiliser et de me convaincre que mon divorce n'était pas la cause de son décès.

Mais comment arriver à avoir cette attitude et ces pensées terrifiantes afin de ne pas sombrer définitivement ?

Je devais absolument me détacher du pouvoir qu'exerçait maman sur moi, surtout après sa mort. Tel un aimant mon esprit était collé au sien. Je n'arrivais pas à m'en dissocier, ce qui empêchait toute volonté de m'en sortir.

Il fallait à tout prix que je démagnétise mes sentiments envers maman pour m'en détacher, c'était indispensable si je voulais guérir.

Puis il fallait aussi que j'arrête de me culpabiliser au sujet de mon divorce, car si j'ai eu le tort de m'en aller de la maison, je l'ai fait sur un coup de tête, je n'ai jamais voulu divorcer, ni quitter maman, et encore moins mes enfants, je n'aurais jamais demandé le divorce. C'est bien mon ex époux qui a tout provoqué.

Alors après ces réflexions il a fallu encore lutter et lutter pour prendre du recul avec ce passé maudit, il a fallu que je me libère de ces liens puissants, un travail sur mon corps endolori, sur ma blessure, sur mon âme, mon esprit.

Ça été long, très long, et très dur, d'arriver à se déculpabiliser, de se dire que tout cela n'est pas arrivé que de ma faute, que tout cela aurait pu être évité si mon époux l'avait vraiment voulu.

Une à une, avec une force inouïe et une volonté de fer, un travail surhumain, j'ai brisé une à une toutes les chaînes qui m'étouffaient, j'ai réussi peu a peu à me libérer de mes bourreaux.

J'étais comme une mutilée de la guerre qui revient après un combat acharné, je me comparais à un infirme qui réapprend à marcher.

Il y a eu des hauts et des bas, avec de nombreuses rechutes et visites de psychiatres et médecins, mais il fallait à tout prix surtout que j'arrive à avoir la force de m'en sortir toute seule pour vivre. C'est à cette période que je décidais d'arrêter progressivement toutes ces drogues (valium, opium etc..) qui m'anéantissaient sans résoudre mes problèmes.

Pour arriver au but fixé, j'avais aussi une chose importante à résoudre, apprendre à vivre avec ma différence.

C'est ce que me dit un jour Bernard :

" Il y a certains handicapés qui avec beaucoup de courage et de travail sont capables de participer aux compétitions sportives de haut niveau, ils ont fait de leur handicap un avantage, pourquoi pas toi ?"

Je ne répondis pas, mais je devais aussi comme eux y arriver. Tout au moins physiquement, mais pour le mental ce serait plus compliqué.

La dernière chaîne à faire sauter était celle de l'abandon, arriver à sortir de mon mutisme, ne plus avoir honte d'être une enfant de l'Assistance Publique, pouvoir arriver à en parler, pouvoir enfin marcher la tête haute.

Le fait d'être née dans l'anonymat, de ne pas avoir d'antécédents familiaux, pas de repères, aucun passé à me rattacher, m'a poussé à certains comportements étranges.

Comme je n'avais plus rien d'autre, je voulais me créer une histoire et je m'attachais à tout ce qui pouvait me constituer des souvenirs, c'est à dire des meubles, des vêtements, des papiers, des photos. Me séparer d'un objet qui avait appartenu à Maman, qui faisait partie de mon passé avec elle était un supplice.

Quel chagrin, lorsque qu'à l'âge de soixante cinq ans, j'ai dû vendre la salle à manger HENRI II de Maman.

Le fait de tout garder a le don d'énerver mon mari. Je n'y peut rien, encore à ce jour, c'est toujours pareil, je garde tout, cela me protège. Ce sont les seuls liens qui me restent ils font partie de moi et ce sont mes seuls souvenirs.

Mais aussi un autre comportement, aussi insolite est le fait d'avoir peur de manquer de tout. La peur de manquer d'argent, plusieurs fois il m'est arrivé d'être complètement fauché, mais je rebondissais toujours de justesse, la peur aussi de manquer de nourriture, à tel point qu'aujourd'hui il n'est pas rare de trouver dans mon sac quelques biscuits ou bonbons.

CHAPITRE XXII

LA DELIVRANCE

Après ces vingt cinq années de dépression sévère et d'atroces souffrances qui me dévoraient jour et nuit, après avoir mûrement réfléchi, je me suis donné un ultimatum, vivre ou mourir. J'étais au fond du trou, soit il fallait réagir vite ou me laisser aller vers la mort.

Mais est-ce que je pourrais, est-ce que j'en ai encore la force ? J'étais tellement épuisée, j'avais tellement lutté, il allait falloir un sursaut inimaginable et une volonté de fer pour arriver à briser toutes les chaînes qui me tenaient prisonnière.

Comment faire ?
Est-ce que je vais y arriver ?
Il le faut !

Alors toute seule, j'ai entrepris un travail sur moi, un travail sur mon corps, mon esprit. Je savais que pour m'en sortir, je ne pouvais compter sur personne, j'étais seule face à mon destin, si près de la mort et pourtant je ne voulais pas mourir, c'est justement parce que je sentais la mort si proche que j'ai eu un dernier sursaut pour m'en échapper.

Il s'est passé comme un déclic, j 'ai eu cette force inouïe, incroyable pour ne pas mourir, une énergie phénoménale dont je ne me croyais pas capable pour remonter de ce néant où j'étais.

J'ai pensé à mes deux enfants, mes petits enfants, mon mari, cela a été dur, très dur, car il y avait tellement de pressions intérieures à supprimer, j'ai commencé à faire le vide dans ma tête, faire comme si tout cela n'avait jamais existé, j'ai essayé de penser à des événements plus gais au lieu de penser toujours à la mort, j'ai pris du recul avec mon divorce, avec la mort de maman, surtout ne pas penser à mon abandon, ne pas penser à ma mère biologique. Puis, j'ai amorcé une diminution de toutes ces drogues qui me rendaient dépendantes sans m'apporter de guérison.

J'ai réussi à la force des poignets, mais cela été très, très long pour entrevoir ce petit bout du tunnel, je suis arrivée tant bien que mal à remonter un à un tous les barreaux de l'échelle. Je m'attendais à voir ma mère, mais personne n'était là.

J'étais tellement près de la mort j'en suis convaincue. Une nuit il s'est passé quelque chose d'irréel, une chose inimaginable, j'en avait déjà entendu parlé auparavant sans y croire et cependant, je peux vous dire que je l'ai vraiment vécu, c'est une chose que je n'oublierai jamais de ma vie, je garde ce souvenir au fond de mon cœur, je suis certaine que ce message vers l'au delà, venait de ma maman.

Je me suis retrouvée dans un monde inconnu, irréel. Je ne peux pas dire si je dormais ou si j'étais réveillée cela s'est passé en l'espace de quelques secondes, de minutes, une heure je ne sais pas.

Je suis sortie de mon corps. Je flottais, j'étais dans un espèce de tunnel tout blanc mais il n'y avait pas de murs c'était immense, j'étais happée par une immense lumière immaculée extrêmement lumineuse et très puissante, mais chose surprenante elle ne m'éblouissait pas.

Ce qui était extraordinaire c'est que je ressentais un bonheur extrême, incommensurable, j'avais trouvé la sérénité absolue, une plénitude totale, j'étais tellement bien, un bonheur infini, je n'oublierai jamais.

Ce transfert d'amour illimité, c'était comme un quelque chose qui n'existe pas sur terre. Quand on a vécu cela, on sait que plus rien ne sera comme avant, on en sort différend, la vie vous apparaît fade, on a le sentiment d'avoir touché le Christ !

Il est impossible d'expliquer ce que l'on ressent dans ce moment là, c'était magique, immense, démesuré, surnaturel. Aucun mot ne peut traduire ce moment de bonheur parfait que j'ai éprouvé.

C'était un monde sans espace, sans dimension, le temps n'existait plus.

Est-ce le nirvana que l'on connaît au moment de mourir ?

J'ai bien compris qu'a ce moment précis je n'étais plus sur terre, mon âme était passée de l'autre côté du miroir, j'avais découvert l'apaisement, j'étais enfin guérie et heureuse .

J'avais entrevu le paradis.
Si c'est vraiment le Paradis, il ne faut pas avoir peur de la mort bien au contraire, on y est tellement heureux !.

L'extase aurait pu être extrême, si j'avais eu la joie d 'apercevoir Maman.
Je n'ai jamais retrouvé ce bonheur absolu.

J'ai vécu exactement ce que certaines personnes évoquent lors d'un accident très grave lorsqu'ils sont dans le coma.

Mais je n'étais pas dans le coma et je n'avais pas eu d'accident, j'étais saine de corps et d'esprit, alors, en revenant à moi j'ai pensé:

" Est-ce à force de penser continuellement à Maman, celle-ci m'appelait ?"

Je n'ai jamais osé parler de cette expérience à personne de peur d'être ridicule, sauf à Bernard à qui j'ai raconté ce fabuleux voyage, m'a t-il cru ? Il a eu l'air de ne pas me prendre au sérieux, il en a conclu que je délirais ou que j'étais une illuminée, je peux le comprendre c'était tellement invraisemblable.

Je pense qu'après ce passage dans l'au-delà, j'ai bénéficié de la grâce de Dieu et de la protection divine de Maman.

Grâce peut être à cet événement, je commençais à aller mieux. Une amélioration se faisait sentir, ma blessure ne saignait plus, elle commençait à cicatriser peu à peu.

J'étais parvenue à apprivoiser ma douleur.

J'avais gagné une bataille mais pas la guerre. Ma souffrance n'étais pas vaincue, tapie, elle était toujours là, encore là.

Elle était prête à resurgir à tout moments pour me détruire à nouveau, comme l'épée de Damoclès au dessus de ma tête. Il fallait que je reste sur mes gardes, que je sois vigilante à tout instants pour ne pas me laisser entraîner à nouveau vers l'abîme.

Je savais que mes démons m'attendaient pour m'attraper ?

C'était des démons ou des anges ?

CHAPITRE XXIII

LA BATAILLE

Maintenant que j'avais retrouvé un peu de lucidité, je me sentais capable de me lancer à corps perdu, dans une autre bataille celle de retrouver celle qui m'avait mis au monde. J'étais motivée et bien déterminée à arriver à mes fins.

Les seules informations essentielles que la Dases m'avaient fournies, se trouvaient dans un bulletin de renseignement donné quand je suis arrivée à Paris en 1974, c'est la seule pièce que je possédais dans laquelle il s'avérait de toute façon impossible de la retrouver, sans date et lieu de naissance et de surcroît sans nom de famille.

J'engageais un combat très difficile. Ma tâche allait être très ardue devant une administration extrêmement puissante et je n'étais pas sans ignorer que ce serait le pot de terre contre le pot de fer.

Il faut savoir qu'en 1868 l'hôpital Saint Vincent de Paul à Paris est hôpital où sont dirigés tous les enfants nés sous **X**, les enfants abandonnés, les enfants secourus. Il a été introduit une pratique se basant sur une tradition ancestrale d'abandon d'enfants nouveau-nés, l'usage du " tour". C'était une sorte de tourniquet placé dans le mur de l'hôpital. La mère y déposait son enfant et sonnait la cloche. A ce signal, de l'autre coté du mur, quelqu'un faisait basculer le tour et recueillait le nourrisson.

133

Ni vu, ni connu la mère pouvait partir tranquille.

Heureusement, le tour fut supprimé, seulement en 1904, pour faire place à ce que l'on connaît aujourd'hui, le système du "bureau ouvert", ouvert de jour comme de nuit. La mère pouvant impunément déposer son enfant sans être vue, sans aucun témoin, que le préposé aux admissions, sans aucune formalité administrative, sans aucune déclaration d'aucune sorte et sans enquête ultérieure.

La prise en compte de l'accouchement dans l'abandon secret est l'œuvre de la Révolution Française en 1793, la convention vota le texte suivant :
« *Il sera pourvu par la Nation aux frais de gésine de la mère et à tous ses besoins pendant le temps de son séjour qui durera jusqu'à qu'elle soit parfaitement rétablie de ses couches. Le secret le plus inviolable sera conservé sur tout ce qui la concerne.* »

C'est lors de la Révolution que furent proclamés les droits de l'homme et du citoyen, c'est cette même convention qui instaura ce texte sur l'accouchement anonyme. Les droits de l'enfant ne sont à aucun moment pris en considération.

A quand les droits de l'enfant ?

La Dases de Paris détient en secret l'histoire de ma naissance. J'allais faire le constat de ce que je redoutais le plus, mes recherches allaient être très éprouvantes.

Depuis mon arrivée à Paris en 1974, j'avais déjà consulté à plusieurs reprises mon dossier, je demandais toujours à le revoir, pour la bonne raison que je ne retrouvais pas les mêmes documents que lors de la consultation précédente, soit il y en avait de nouveaux, soit des absents.

Je me posais donc la question capitale :
Y avait-il rétention de documents ?

Le doute s'installa. De nombreuses questions restaient en suspens concernant mon abandon, car je me rendais compte qu'il était impossible de savoir si j'avais la totalité de mon dossier.

Le personnel de l'Assistance Publique m'affirmait à chaque fois qu'il m'avait donné l'intégralité des pièces, mais j'étais très septique quand à la sincérité de leurs dire, beaucoup trop de zones d'ombre, beaucoup trop de lacunes.
Pour avoir le droit de consulter, il faut d'abord prendre un rendez-vous de demande écrite, après réception de courrier l'administration vous reçoit et mets à votre disposition les documents après avoir contrôlé et préparé ce que vous devez regarder.

Mais comment les croire puisqu'à chaque visite des pièces nouvelles apparaissaient et d'autres disparaissaient. Au fur et à mesure, de nombreuses pièces manquaient !

Par exemple le certificat d'origine qui avait été fourni à ma naissance avait été perdu.

Le matricule inscrit sur mon collier de naissance ne m'a jamais été remis.
Mais aussi de nouvelles pièces apparaissaient comme une photo de moi prise par Maman à mon arrivée chez elle à l'âge de 21 mois, elle me fut donnée, qu'environ une quinzaine d'années plus tard.

Une autre pièce celle de mon dossier médical concernant mon séjour à Saint Vincent de Paul, ne m'a été remis que trente ans après ma première consultation.

Ainsi que les courriers que ma mère adoptive avait envoyé à la Dases reçus encore plus tard.

Est-ce normal ?

En 2001, je constate également une erreur dans mon dossier. Un document que je ne connaissais pas datant de 1938, il était à mon nom mais avec un numéro de matricule que je ne connaissais pas.

Il n'y avait aucune information sur mon arrivée à la crèche de Saint Vincent de Paul où je suis arrivée le 1 février et restée jusqu'au 16 février 1937.

Pourquoi ?

Sans oublier que les pièces concernant mon mariage à Boulogne sur mer disparues, les pièces annexes envolées.

Mystère !

Mais bien d'autres pièces auraient dues figurer dans mon dossier, notamment mon procès verbal d'abandon comme il en existe dans tous les autres dossiers d'enfants nés sous X, moi je n'ai eu qu'un bulletin de renseignement.

Pourquoi ?

A cette époque je n'obtenais à chaque fois que des bribes de mon dossier, l'administration était loin d'être coopérative pour vous montrer les pièces de votre dossier. Je pense de nos jours, heureusement la loi a évolué. La Dases délivre un peu plus facilement les informations mais jamais sans le consentement de la mère.

A partir de tous ces constats, il est normal que le doute s'installe et cela me laissait supposer que d'autres documents puissent encore exister. J'ai absolument besoin de savoir la vérité sur ma naissance, d'autant plus que je suis atteinte d'une maladie immunitaire et génétique et le fait de connaître la vérité, aiderait beaucoup à ma guérison.

Je me disais : Y aurait-il un si lourd secret pour que l'on refuse de me dévoiler le nom de ma mère biologique ?

Alors, je me mettais à rêver, peut être que ma mère est :
- Quelqu'un de haut placé, d'important ?
- Une actrice ?
- Une politique ?
- Une meurtrière ?
- Une prostituée ?
- Une pauvre femme sans ressources ?

C'est pour cela qu'ils ne veulent pas me dire le nom de ma mère ?

Il faut que je sache, je me battrais jour et nuit, je veux savoir.

Ce dossier est le mien le " Mien propre ?" Il concerne ma naissance, il m'appartiens ! Mon statut juridique, ma santé, je pense qu'il faut arrêter de considérer que l'enfant qui demande à consulter SON dossier de naissance est un TIERS.

Comment leur faire comprendre que les informations concernant ma mère peuvent m'être fournis, car juridiquement rien ne m'empêche d'obtenir ces documents sur mes origines.

D'autant plus, que je ne suis pas née sous X, puisqu'à l'époque cela n'existait pas, c'était simplement un accouchement anonyme sans filiation.

En outre, ma mère n'a pas fait de demande expresse de secret. Ce fut tout simplement un accouchement sans filiation, inconnu mas pas secret (article 61/1 du nouveau code de la loi du 6 juin 1984.)

La CADA rappelle ceci :
« Seule la manifestation expresse de la volonté de la mère de garder secrète son identité vis à vis de son enfant empêche la communication à l'enfant des éléments identifiants dans son dossier, le seul fait d'accoucher anonymement ne suffit pas à attester de cette volonté, article 6-11 de la loi du 17 juillet 1978 modifiée par celle du 12 avril 2000. »

D'autre part, je n'ai été adoptée qu'à l'âge de 22 ans après mon mariage en adoption simple et non plénière, puisque je porte toujours à ce jour, mes deux prénoms de naissance Madeleine Michèle.

Il faut savoir que les modalités de communication des répertoires et des registres des entrées des hôpitaux des enfants assistés, sont immédiatement communicables à partir d'un délai de 50 ans après la clôture du dossier, soit en ce qui me concerne, celui-ci a été clôturé par mon mariage en 1957, donc communicable en totalité en 2007.

Légalement, l'administration à l'obligation de me fournir l'intégralité des pièces concernant ma naissance.

Peine perdue, la Dases me rétorquait chaque fois:

" Nous vous avons donné l'intégralité de votre dossier, nous n'avons rien de plus. "

Et concernant l'absence de secret de ma mère, la même réponse : L'anonymat est considéré, par eux, comme si c'était secret.

Faux!

Pourtant selon les dires de la préposée aux abandons, il me semble impensable, si ma mère contrainte et forcée par un tiers, n'ai pas eu le désir par la suite de me retrouver ou de laisser une lettre comme cela était très souvent le cas.

On peut constater très souvent à cette période tourmentée de leur vie que de nombreuses mères abandonnaient plusieurs enfants sans aucun remords en ne laissant dans le procès verbal d'abandon strictement aucun détail, aucun renseignement les concernant.

Ce ne fut pas le cas pour ma mère, qui a fourni beaucoup d'informations sur elle, elle a même avoué ne pas se donner d'excuse et surtout elle pleurait à chaudes larmes au grand étonnement du personnel de la Dases.

La seule et unique pièce que je possède de mon abandon, est ce bulletin de renseignement qui m'apporte des tas de renseignements :

- son prénom Madeleine, c'est le prénom qu'elle m'a donné,
- sa signature Madeleine, très jolie signature, élégante et forte, ce qui me fait penser qu'elle avait une certaine instruction,
- elle se dit comptable en ajoutant qu'elle gagnait 775 Francs mensuel,
- elle avait 20 ans et était arrivée à Paris en 1935,
- Elle était orpheline de ses parents, ils seraient décédés.

Cela fait beaucoup et peu à la fois, insuffisant pour aboutir, j'ai tout de suite compris qu'il serait impossible de la retrouver sans un nom de famille, un lieu et une date de naissance.

Devant tant de détails, j'ai toujours pensé que le reste devait s'y trouver aussi, et qu'elle avait laissé un indice concret pour que je la retrouve ou peut être même que quelques mois plus tard elle serait revenue sur sa décision.

Je me suis battue tout seule, sans l'aide de personne, mon époux ne m'a jamais soutenu, ni aidé, aucun encouragement, plutôt le contraire. C'était mal me connaître.

Je me suis battue jour et nuit comme une lionne, contre toutes ces administrations, afin de prendre connaissance de la totalité de mon dossier. Je me suis rendue un peu partout, toujours sans résultat. Je me suis toujours heurtée à un mur infranchissable d'incompréhension, d'insensibilité face à la souffrance, sans aucune émotion dans leur comportement, une indifférence très choquante et à chaque visite, j'en ressortais de plus en plus meurtrie.

La Dases est comparable à une forteresse inaccessible.

Il m'a toujours été impossible de faire comprendre aux personnes qui nous reçoivent, qui nous semble sans cœur, qui ne veulent rien entendre, rien voir, que nous sommes des enfants de personne, des enfants de nulle part et que nous avons cette impression que notre tête va exploser de douleur.

Le doute est la pire des choses qui peut nous arriver, je peux tout accepter, tout comprendre, mais de ne pas savoir est atroce. Le doute est intolérable, il vous ronge petit à petit et vous détruit.

Puisqu'il s'avérait que je ne pouvais compter sur la Dases pour m'aider, j'ai multiplié d'autres pistes, mais à cette époque internet n'existait pas chose courante, alors que faire ?

Ce fut des recherches tout azimut, il fallait que je fasse quelque chose surtout ne pas rester inactive à attendre c'était impossible, mon cerveau ruminait : " Où pourrais-je encore m'adresser ? "

Dans un journal " Notre temps " paraissaient des petites annonces, pendant plusieurs années je faisais paraître un entrefilet, ce qui m'a valu des réponses farfelues, comme cette personne qui m'appela un jour me disant :

" Appelez ce numéro, ils ont abandonné un enfant . "

Naturellement, chaque fois le choc et l'espoir. Avant d'appeler je décide de faire quelques recherches, rappelle cette personne, mais le mutisme complet elle ne veut rien dire de plus que :

" Ce sont des rumeurs. "

Cette famille habitait en proche banlieue de Paris, je l'ai retrouvé et après avoir demandé les actes je n'arrivais toujours pas à comprendre le lien avec moi. Alors, je pris un jour mon courage à deux mains et décidais d'aller à cette adresse.
La personne me reçut, mais ne comprenait pas et semblait ignorer cette histoire, je n'ai pas voulu dans un premier temps lui dévoiler l'auteur de ce téléphone.

Mais ce coup de fil me torturait de plus en plus, il fallait que j'en ai le cœur net, alors j'annonçais à celle-ci le nom de mon interlocutrice elle me répondit :

" C'est ma cousine, elle est folle. "

En définitive, je n'ai jamais su exactement la raison de son appel, j'ai appris par la suite qu'ils habitaient côte à côte dans une maison de campagne en province.

Est-ce une vengeance ? Est-ce vrai ? En tout cas cela ce passait en 2003, croyez moi c'est vraiment inhumain de faire ces choses aussi débiles, car pendant des années je me suis torturé, avec toujours cette pensée, cela m'empêchait même de dormir je me disais sans arrêt : je suis peut être la fille de ....., et toujours ce doute de ne pas savoir.

Ces annonces m'ont apporté une autre anecdote, du même genre. Une personne m'appelle me disant :

" Ma mère a abandonné une enfant Madeleine Michèle, vous correspondez à la description."

Mon sang ne fit qu'un tour, sur le champ je me rendis à son domicile qui se trouvait aussi en banlieue parisienne, c'était une jeune femme divorcée avec un enfant. Sans perdre de temps, je lui expliquais mon histoire et elle de son coté m'expliqua que c'est son père qui avant de mourir lui avait dit que sa femme avait abandonné un enfant avant son mariage.

Sa mère avait l'âge de ma mère que je croyais née en 1916 et elle aimait, paraît-il, beaucoup les chiffres et de surcroît elle s'appelait Madeleine, la signature était similaire, la même forme des lettres.

Je n'avais plus aucun doute, c'était elle, le miracle allait s'accomplir.

Tout correspondait, avec son accord, nous décidâmes de faire un test toutes les deux dans le secret, je lui pris quelques cheveux. Comme sa mère et une partie de sa famille proche vivait encore, je lui dis :

" Surtout ne dites rien à personne, il faudra lui annoncer avec précaution et ménagement le résultat du test d'ADN."

Ces analyses d'ADN ne pouvaient se faire en France, cela est interdit, il fallait passer par la Suisse, l'Angleterre ou l'Espagne.

J'étais très excitée et pleine d'espoir, mais quelques jours après elle m'appelle me disant :

" J'en ai parlé à ma famille et à ma mère, je ne veux pas continuer."

Cela déclencha un scandale dans la famille.

Bien sûr, je ne pouvais rester avec ce doute, un suspens intolérable.

Je suis une battante et je ne lâche rien, il fallait tirer cela au clair. J'ai trouvé son adresse et son téléphone, j'ai commencé à l'appeler mais c'était une femme apparemment je pensais dans mon désarroi qui devait avoir quelque chose à se reprocher car elle n'a jamais voulu répondre au téléphone.

Je me suis donc rendue chez elle, elle habitait en proche banlieue au 3ème étage d'un immeuble assez vétuste, sans ascenseur. J'ai frappé à sa porte, pas de réponse, elle savait que c'était moi, ce qui me confortait dans mon idée qu'elle pouvait être ma mère.

Vous ne pouvez pas imaginer tout ce qui se passa ensuite dans ma pauvre tète endolorie : pourquoi ne veut elle pas me recevoir ? Pourquoi si ce n'est pas elle, ne pas vouloir me parler ? Elle répondait seulement à sa fille que j'étais folle.

Mais je ne pouvais vivre avec ce mystère. Finalement après d'autres recherches, j'ai réussi à retrouver son frère qui habitait en Bretagne, j'étais décidé d'aller jusqu'au bout de cette vérité ou de ce mensonge.

Nous arrivâmes mon mari et moi chez un vieux monsieur, il devait avoir environ 90 ans, il nous reçu très gentiment.

Il habitait dans un petit logement plutôt exigu dont il devait être locataire chez un couple qui nous amena vers lui de manière très conviviale. Nous lui avions apporté des friandises et une bouteille de vin, sa réflexion spontanée :

" Mais c'est le père Noël ? "

Il était complètement sourd. Pour lui parler, il fallait s'approcher très près de son oreilles, cela me faisait de la peine et je me disais en même temps :

" Quelle coïncidence, je suis sourde également. "

Je lui expliquas le but de ma visite, puis avec précaution je lui fis part de ma requête.

" Votre sœur a refusé de faire un test ADN avec moi, je suppose c'est parce qu'elle a quelque chose à cacher. Vous êtes la seule personne susceptible d'apporter une réponse à mes interrogations. Acceptez vous de faire un test avec moi ? "

Il eut une réaction inattendue et une réponse très pertinente qui ne manquait pas d''humour :

" Prenez tout ce que vous voulez, si ma sœur a fait une connerie tant pis pour elle. "

Après avoir obtenu son accord écrit, je me suis permise de lui prendre quelques morceaux d'ongles, quelques cheveux, sans oublier le prélèvement de salive dans les joues.

C'était une aventure extraordinaire et très chaleureuse. Ce pauvre monsieur est décédé peu de temps après. Je n'oublierai pas cette entrevue très émouvante. J'ai toujours beaucoup de respect pour les personnes âgées, probablement parce que toute ma vie je l'ai vécu avec ma maman qui était très vieille.

J'attendais avec impatience le résultat de ce test ADN, et naturellement une très grosse déception encore une fois, il était négatif.
J'étais effondrée !
Pourtant tous les éléments me laissaient supposer que j'avais retrouvé Madeleine. Le seul point positif, j'avais éliminé cette piste.

Il fallait repartir à zéro.

Hélas, bien d'autres passages d'annonces dans ce magazine m'ont valu quelques appels de personnes : curieuses, compatissantes, farfelues, mais également de bonne foi. Quelques pistes sérieuses m'ont conduites à effectuer des tests ADN afin de vérifier la véracité de leurs dires. Malheureusement tous les résultats se sont tous avérés négatifs.

Que penser de toutes ces personnes qui m'ont contactées pour me faire miroiter qu'elles connaissaient un secret de famille ? Pour ensuite se désister sans remords en me laissant avec mon immense détresse.
Elles refusaient dans certains cas de faire un test ADN, comme elles en avaient le droit, alors que cela m'aurait permis d'écarter tout soupçon.

Madeleine ! Tu as occupé la totalité de mon temps, de mes jours, de ma vie et aussi de mes nuits, au détriment de mon foyer.

J'ai tout essayé, ce fut un travail colossal que j'ai effectué à plein temps, je me rendais tous les jours aux archives de Paris. Rien ne pouvait m'arrêter, j'avais comme une force intérieure incroyable qui me poussait à partir chaque jour à 8 h du matin. Jusqu'au soir, j'exploitais la moindre minute dont je disposais.

S'ajoutait à la lassitude morale une grande fatigue physique. Un travail de Titan, des pages et des pages noircies de Madeleine. Parmi toutes ces Madeleine, je sais qu'elle est là, je l'ai écrit, je la sens, je l'ai touché, mais laquelle est-ce ?

CHAPITRE XXIX

UN COMBAT ACHARNE

Je fais partie de plusieurs associations d'enfants abandonnés. Lors de nos réunions, tous les témoignages que j'ai pu entendre concordent et sont unanimes. Absolument, tous les enfants ayant retrouvé leur mère, affirment avoir retrouvé la sérénité, le bonheur, une seconde naissance.

Il y a cependant des situations où la mère ne veuille pas reconnaître avoir abandonné son enfant. Ceci paraît ahurissant que la mère le rejette une seconde fois, sans doute ; la honte ? Le déni ? Mais paradoxalement, l'enfant l'accepte volontiers, car il a retrouvé une partie de son histoire, ses origines.

C'est pour lui une délivrance.

Toutefois, il faut comprendre qu'il ne faut jamais "débarquer" sans avoir mûrement réfléchi à la manière d'aborder la rencontre. L'exemple de certains enfants qui ont voulu précipiter la confrontation me confirme que ce n'est pas l'attitude à adopter. Il faut savoir ménager une femme qui a refait sa vie, ayant un foyer avec des enfants et dont son entourage ignore certainement tout de cet épisode tragique de sa vie.

Lors de certaines réunions, également des mères sont venues à la recherche de leur enfant, elles ont participé à nos débats. Leur témoignage mérite le respect, car tout ayant un énorme sentiment de culpabilité, il leur faut beaucoup de courage pour venir exposer cet événement dramatique de leur vie.

Celles ci nous disent avoir sollicité maintes fois la DASES pour récupérer leur enfant, sans résultat. Ces mères avaient laissé très souvent une lettre lors de l'abandon.

Je les crois volontiers, car j'ai eu l'occasion de consulter les registres des hôpitaux et dans le cas d'une naissance secrète, il y avait souvent une mention : « lettre au Directeur » ou lorsqu'il s'agissait d'un acte dit secret : « ne pas délivrer ».

La mère dispose du droit de mettre son enfant au monde en toute discrétion et en toute légalité, de le condamner toute sa vie à l'ignorance sans tenir compte des droits de son enfant qui sont complètement bafoués, oubliés.
Le comble, en outre pour favoriser l'adoption et protéger les parents adoptifs, les informations pour retrouver leur mère ne seront jamais divulguées. Tout cela, nous dis-t-on, est mis en place pour le soi-disant « bien » de l'enfant.

L'enfant n'est pas considéré et n'a aucun droit. Personne ne se met à la place de ces pauvres gosses qui souffrent toute leur vie de ne pas savoir d'où ils viennent, alors que le salut et la guérison viendraient de ces retrouvailles.

Très souvent une pensée me traverse l'esprit :
- Maman savait quelque chose ?
- Connaissait t-elle les circonstances de mon abandon ?

Je n'ai absolument rien trouvé après son décès, aucun document concernant l'agrément d'adoption, aucun document concernant la demande à la Dases, rien !
Par quel biais avait t-elle demandé à avoir un enfant ?

Autant de questions sans réponse car de son vivant, je n'ai jamais osé lui en parler.

A bout d'arguments je me disais que la Dases représentait pour moi une grande muraille où se trouvent d'un coté les parents et de l'autre les enfants, c'est un dialogue de sourd.
Je peux comprendre qu'il soit difficile pour une mère de dévoiler ce si pesant secret qu'elle a enfoui au plus profond d'elle même, vieux en général de plusieurs années. Très rarement elles avoueront leur faute, par honte, par déni ou parce qu'elles ont souvent refait leur vie, fondé une famille avec enfants alors bien sûr, comment leur révéler la présence d'un autre enfant qu'elle aurait abandonné.
Un aveu qui pourrait détruire du jour au lendemain toute sa vie et celle de sa famille.
Sans oublier que la présence d'un nouveau membre dans la famille pourrait occasionner bien des soucis juridiques et successoraux.

Pour ma part, en ce qui concerne les besoins matériels et financiers ne présentent aucun intérêt, mais cependant ne me dispensent en aucun cas du manque de lien originel. D'ailleurs mon statut d'adoptée ne m'autorise pas à prétendre à un héritage ultérieur.

Je voudrais faire comprendre à ma génitrice que je n'ai aucunement l'intention de la juger, ni de la condamner, encore moins l'intention de m'incruster dans sa famille.

Je veux juste savoir : Qui était Madeleine ? Connaître mon histoire.
Puis disparaître s'il le faut.

Comment une loi dite humaine peut elle décréter qu'un enfant puisse naître anonyme ?

La sentence des hommes est implacable, inhumaine, intolérable la privation à tout jamais de leur identité biologique et de leurs racines à perpétuité.

C'est notre pays la France, pays des droits de l'homme, avec le Luxembourg qui détient ce triste record de pratiquer cette atroce loi archaïque qui est l'accouchement sous X.

Il est à noter que la plupart des autres pays européens reconnaissent le droit à l'identité comme par exemple l'Allemagne.

Arrêt du 31/01/1989 dit ceci :

« Le droit pour une personne de connaître ses origines, a été érigé en droit fondamental de la personnalité, se fondant sur le droit général à la dignité et au libre épanouissement. »

De même, la Suisse où la Constitution Fédérale reconnaît depuis 1992 le droit à chacun de connaître ses origines comme un droit à la personnalité.
Il est important de souligner que tout ce qui touche à l'identité fondamentale de la personne, comme la question à l'accès à ses origines personnelles constitue un élément essentiel de la vie privée protégé par l'article 8 de la Convention et par conséquent la possibilité de retracer son histoire personnelle relève de la liberté et de la dignité humaine.

Mais alors, que fais t-on de la dignité de l'enfant ?
On n'arrête pas de nous dire que la France :

" Nous sommes tous égaux devant la loi."

Quelle fumisterie !

Nous sommes tous des victimes, coupables d'exister, coupables d'être nées, complètement exclus de la société, des pestiférées !

Pourquoi dans un pays des droits comme la France doit on se heurter à un mur pour obtenir ce qui nous est dû ?

- Notre identité !

- Qui suis-je ?

- D'où je viens ?

Pourquoi doit-on subir toute notre vie une discrimination d'ignorance génétique ?

Nous sommes actuellement en France 400 000 enfants nés sous X dans l'ignorance totale de leurs antécédents médicaux et familiaux. À tout instant il y a interrogation, suspicion, doute permanent en matière sanitaire sans oublier la possibilité de transmission d'un gène inconnu à notre descendance.

C'est intolérable !

Il existe cependant des solutions plus humaines et beaucoup moins traumatisantes pour l'enfant séparé de sa mère.
Je peux citer comme exemples :

- Le Québec, c'est l'état qui organise les retrouvailles. Le centre de protection de l'Enfance détient les noms des parents de l'enfant adopté dans son dossier. C'est un organisme d'état qui procède aux recherches, il vous en coûtera 450 $ (environ 400 €). Il existe également un service d'entraide privé pour les questions d'ordre légal.

- La Polynésie Française, lorsque les parents sont dans l'impossibilité d'élever leurs enfants ils le confient à une autre famille. Cela se fait en toute transparence et l'enfant se retrouve avec deux mamans. Il connaît dès son plus jeune âge sa véritable mère, les liens ne sont pas rompus et cette formule évite le traumatisme de l'inconnu, l'enfant n'aura jamais de séquelles.

CHAPITRE XXV

BAUME AU COEUR

Après la mort de mon petit trésor Cybèle en1990, ma vie a tout doucement évoluée vers des pensées disons plus positives et moins tristes grâce à certains voyages qui nous avons effectues mon mari et moi, ce qui nous a permis de découvrir d'autres mœurs, d'autres cultures, des gens différents avec des destins parfois bien plus tragiques que le mien et qui semblaient s'adapter à leur sort sans tomber dans le fatalisme. J'essayais de toutes mes forces de prendre exemple sur eux et le recul avec ce si douloureux passé.

Quelques voyages magnifiques, mon époux est un grand amateur de photos la découverte de nouveaux paysages lui permettait d'assouvir sa passion. Nous avons rempli nos têtes de souvenirs inoubliables.

Le destin ne m'avait pas oublié même de l'autre coté de la terre. Nous avons vécu notamment quelques anecdotes très éprouvantes. Nous n'avons pas seulement découvert des paysages féeriques, mais connu aussi la médecine à l'étranger et de nombreux hôpitaux.

Lors d'un séjour en Grèce, j'ai dû être opérée en urgence d'une péritonite. En France, c'est une opération presque banale alors qu'à l'étranger les petits détails prennent des proportions importantes à cause de la barrière de la langue et des cultures.
Nous logions dans un petit hôtel à soixante kilomètres de la capitale, Athènes. Lors de mon hospitalisation, ce fut une galère pour Bernard qui devait trouver un moyen de transport pour venir me voir tous les jours. Mais le plus difficile a été mon rapatriement les médecins ne voulaient pas me laisser partir, heureusement le docteur d' Europe Assistance, après 3 à 4 jours d'âpres négociations, a signé une décharge afin d'obtenir l'autorisation de me rapatrier en France.

Il était temps !

Dès mon retour sur Paris, je fus de nouveau hospitalisée et opérée de nouveau à cause d'une infection sévère. Cela a eu pour conséquence une année très pénible de souffrances avec difficulté à marcher.
Je fis encore des miennes lors d'un voyage de neige au Canada, dès mon arrivée le premier jour, je me suis fais remarquer, j'ai eu la mauvaise idée de vouloir faire du patin à glace alors que je n'étais jamais allée sur une patinoire.

J'ai naturellement fait une chute du type "les quatre fers en l'air" , l'arrière de ma tète à frappé brutalement le sol glacé. On m'a immédiatement immobilisé avec une minerve, Bernard était assez impressionné car du sang coulé de ma tête à travers le casque. Après examens, heureusement plus de peur que de mal, juste quelques points de suture. J'étais refroidie au propre comme au figuré.

Mais Bernard, pour ne pas être ridicule à mes yeux, a fait un infarctus au Sri Lanka, il n'était plus transportable. Cela nous a obligés à faire une prolongation de notre séjour de 10 jours, nous nous en serions bien passé.

Son accident a eu lieu lors de l'ascension d'un rocher qui se trouvait au milieu de la brousse. J'étais restée au village afin d'acheter un masque qui était censé protéger des 26 maladies les plus importantes. Cet achat s'est fait justement au même moment.
Prémonition ? Le masque l'a t-il sauvé ?
C'est un véritable miracle si mon mari a survécu après tant de périphéries, car pour arriver aux premiers soins, il s'est écoulé 24 heures. Cela a commencé en nous envoyant dans un hôpital de brousse. Nous pensions que ce genre d'hôpital ne pouvait se trouver que dans les films, mais la fiction rattrape quelquefois la réalité. Les malades se trouvaient dans une sorte de préau, allongés côte à côte à même le sol.
Lorsque nous sommes arrivés, il n'y avait pas de lits disponibles, un médecin a fait évacué un malade qu'il intubait pour mettre Bernard.

C'était l'horreur !

Ils ont décidé sans rien nous dire qu'il fallait nous renvoyer dans un autre hôpital de la capitale qui se trouvait à plus de 200 km.

Il a fallu trouver un moyen de transport, un combi Volkswagen fut transformé en ambulance. Ils l'installèrent sur un lit de camp avec une perfusion accrochée par une ficelle au plafond du combi.

Le parcours fut très folklorique et chaotique, il n'y avait pas de route, juste une piste parsemée d'énormes trous. Les deux infirmiers qui nous accompagnaient n'arrêtaient pas de fumer mais le summum du voyage fut atteint lors d'un arrêt pour nous montrer les éléphants sauvages, alors que Bernard souffrait et ne pouvait pratiquement pas bouger.

Nous n'étions pas encore au bout de nos surprises. Après avoir roulé toute la nuit, nous sommes enfin arrivés à 8 heures du matin à l'hôpital civil de Colombo. Après examen, le médecin des urgences demande à Bernard :

" Avez vous mangé épicé et bu de l'alcool ?"

Bernard répond :

" Non, je n'ai rien mangé depuis 24 heures et je n'ai bu que de l'eau."

Le médecin finit par annoncer sur une voix monocorde son diagnostic :

" Vous pouvez rentrer chez vous, vous avez une gastrite."

Ouf ! Nous étions rassurés.

Heureusement, la veille j'avais contacté Europe Assistance. Un de leur médecin a réussi à nous joindre et il a emmené immédiatement Bernard dans une clinique privée très bien équipée pour faire des examens plus approfondis.

Au bout d'un moment Bernard aperçoit au pied de son lit trois personnes. L'une d'elles lui dit :

" Avez vous apprécié votre voyage au Sri Lanka ?"

Bernard :

" Oui, j'ai beaucoup aimé les paysages et la gentillesse des habitants"

Le médecin d'un air malicieux lui rétorque :

" Et bien, vous allez y rester quelques jours de plus car vous faites un infarctus. "

Ce nouveau diagnostic était sans appel.

Le choc fut terrible sur le moment tant de pensées vous passent par la tête :
- je ne vais plus pouvoir travailler ?
- Je vais être handicapé à vie ?
- Diminué ?
- Comment contacter mes proches, mon travail ? Les portables n'existaient pas.

Et puis difficile à accepter si jeune à quarante six ans.

Après un séjour de 10 jours il fut rapatrié par avion sanitaire avec un médecin à bord sur Paris, directement dans un grand hôpital parisien.
Si nous excluons la gravité de la maladie, nous avons vécu une expérience enrichissante. Les médecins m'avaient permis de rester dans la chambre au côté de mon mari afin de lui apporter tout le réconfort nécessaire par ma présence.

Nous avons vécu au contact de personnes d'une grande humanité et d'une immense gentillesse, cela nous a aidé à surmonter cette épreuve douloureuse. J'entends encore la voix du cardiologue qui en arrivant à 5 heures du matin, du bout du couloir entonnait :

" Debout c'est l'heure, car après il fera trop chaud pour jouer au tennis !"

Et de répéter sans cesse :

" Don't worry, keep cool !" (Ne t'inquiète pas, reste détendu)

Ce qui est devenue maintenant notre devise.

Nos voyages n'ont pas toujours été dramatiques, bien au contraire. Nous avons aussi vécu des péripéties assez croustillantes et des anecdotes très comiques.

Lors d'un séjour aux Maldives, j'ai été l'attraction du lagon en me comportant d'une manière grotesque.
C'est un pays inoubliable composé d'une multitudes d'îles idylliques plus belles les unes que les autres entourées de lagons turquoise, une eau transparente d'une beauté à couper le souffle, c'est un véritable enchantement. Nous logions dans un petit bungalow sur pilotis les pieds dans l'eau.

Naturellement Bernard a voulu aller photographier les nombreux petits poissons de toutes les couleurs que nous pouvions apercevoir sans équipement de plongée, juste avec un masque et un tuba.
Comme le lagon n'était pas profond, je décidais d'y aller aussi. Il faut savoir que je ne sais pas nager malgré toute mon enfance passée sur la cote d'Opale. Somme toute je suis juste capable de faire quelques brasses à condition que l"on me regarde.

Dans le lagon, je ne risquais pas grand chose puisque j'avais de l'eau jusqu'à la poitrine, mais par précaution me sachant capable du pire Bernard m'avait harnachée comme un cosmonaute.

Ma panoplie se composait d'un gilet de sauvetage qui me remontait jusqu'au menton, d'un masque et d'un tuba et pour couronner le tout un bonnet pour protéger mes cheveux. Bref j'étais méconnaissable.

J'étais prête pour l'aventure.

Soudain, deux raies manta passent à proximité, Bernard part aussitôt nager derrière elles pour les photographier et me dit :

" Tu ne bouges pas je reviens. "

" Oui oui, je reste là. "

Mais d'un coup me retrouvant seule, un petit remous de l'eau et voilà je fus immédiatement prise de panique et je me mis à hurler.

" Au secours ! Au secours ! Je me noie ! "

Juste en face de moi il y avait d'autres bungalow et un homme était accoudé à sa terrasse, il me regardait d'un air surpris, il ne réagissait pars, visiblement il ne comprenait pas pourquoi je pouvais me noyer dans si peu d'eau.

Puis enfin voyant que ma panique était bien réelle, il se jeta à l'eau. Mais au même moment Bernard revenait et constatant qu'encore une fois je m'étais donné en spectacle me dit :

" On ne peux vraiment pas te laisser seule ! "

Il était furieux !
Je n'ai pas osé répondre, je me sentais tellement ridicule !

Par contre, une baignade sur une plage d'Indonésie à bien failli me coûter la vie. Nous étions assis sur le sable en compagnie d'amis, et soudain je décidais d'aller me baigner dans les bâches peu profondes que la mer avait laissé en marée basse. Ce que j'ignorais c'est qu'il y avait certains trous très profonds et je me retrouvais sans avoir pied dans l'un d'eux.

Je me trouvais très loin, la mer s'était retirée et je voyais à peine Bernard de loin, une peur panique épouvantable me gagna.

Heureusement, un ami dit à Bernard :

" Regarde ta femme te fais signe, elle te fait coucou !"

Et Bernard de répondre :

" Mais non elle se noie !"

En effet, je levais les bras au ciel pour les appeler, et je me disais il n'arrivera pas à temps il était si loin, j'avais déjà bu la tasse deux fois, mais je l'ai vu courir vers moi, comme il a vu qu'il n'arriverait pas à temps, il a fait signe à un nageur plus près de moi de venir me sauver.

Je pense finalement que le paradoxe entre l'attirance et la peur de l'eau a sûrement un rapport avec le liquide amniotique.

Des derniers voyages que nous avons fait et que je n'oublierai jamais, est ce séjour en Polynésie. Ce fut un superbe cadeau de la part de mon mari. C'est un pays absolument paradisiaque et le mot n'est pas trop fort, la parfaite symbiose entre le ciel, la terre et l'eau.

On ne peut pas s'imaginer toute cette variété de poissons tropicaux plus beaux les uns que les autres, des coraux de formes extravagantes et de toutes les couleurs cohabitent dans le plus beau lagon du monde Bora Bora, le joyau des mers australes.

Quant vous voyez ce lagon, vous n'en croyez pas vos yeux, c'est un décor à couper le souffle tellement c'est beau. Il est impossible de résister à son charme et à sa beauté. Le bleu s'est approprié l'ensemble de la palette pour y placer toutes ses nuances, saphir, turquoise, émeraude, jade, aigue-marine, et même le bleu translucide. Il s'agit d'un véritable arc en mer qui se déploie sous vos yeux ébahis, tel un sourire irrésistible.
L'eau d'une transparence unique au monde est d'une température de 26° toute l'année.

C'est le Paradis sur terre.

Il ne fallait pas que cet Éden me fasse oublier la fâcheuse tendance à vouloir à tout prix me noyer, malgré les précautions prises à maintes reprises.
Pour l'occasion cette fois ci, j'ai eu droit en plus au traditionnel masque, tuba, bonnet, gilet de sauvetage, une bouée complétait l'accoutrement.

Mon déguisement était surréaliste et spectaculaire. Même un chien qui passait sur la plage ne résista pas à l'envie de venir voir cette apparition très bizarre. J'étais à une dizaine de mètres du rivage avec de l'eau jusqu'à la poitrine et d'un coup je me suis retrouvée face à face avec ce chien dont l'eau lui arrivait à peine au ventre. Je n'ai pas réalisé de suite.

Bernard me dit :

" Tu as vu ? Le chien est à la même hauteur que toi et il a pied."

A ce moment je m'aperçois que je me trouvais dans une situation cocasse et insolite. Le chien était perché sur un rocher qui immergeait.

Nous avons revu chaque jour ce curieux chien noir et blanc. Il était très intelligent et n'avait pas fini de nous surprendre. Il avait une tactique étonnante pour attraper des petits poissons pour les manger. Sur la plage chaque fois que la mer se retirait, il soulevait avec ses pattes de grosses pierres pour attraper les poissons qui s'y réfugiaient. C'était vraiment comique de l'observer, il était très astucieux et très malin.

En Polynésie, il n'y a pas que des paysages fabuleux, il y a aussi les Polynésiens. Un peuple chaleureux, d'une extrême gentillesse et d'humeur toujours égale. Nous avons été conquis par leur convivialité, leurs coutumes et leur solidarité en particulier celle de ne pas abandonner leur enfant sans laisser de trace, mais en les confiant en toute transparence.

Ces voyages m'ont beaucoup aidé à passer des caps difficiles car en vacances on oublie tout, on ne pense plus à rien, mais malgré ces magnifiques voyages de retour à la maison le passé revenait inexorablement me torturer.

Comme je ne pouvais pas parler aux vivants de mes tourments c'est aux morts que je m'adressais et je demandais à Maman :

" Maman, Maman, reviens ! Ne me laisse pas seule, j'ai besoin de toi !"

Je lui parlais très souvent le soir dans mon lit en pleurant. Je l'implorais de toutes mes forces :

" Maman il faut m'aider à retrouver ma mère, toi qui m'aimes tant, toi qui a tout fait pour moi, je t'en supplie je ne veux plus souffrir, j'ai besoin de savoir, il faut que je la retrouve, Maman aide moi !"

et de faire encore cette prière :

" Tu sais bien qu'il n'y aura personne d'autre dans mon cœur que toi, tu seras toujours ma seule Maman ! Maintenant que tu m'as quitté, j'aimerais tellement que tu viennes à mon secours. Cela n'enlèvera rien a l'amour exclusif que je te porte."

Malgré mes supplications, elle ne m'a jamais envoyé un signe. J'étais au plus mal, à tel point, que dans un coin reculé de mon cerveau enfiévré, je divaguais complètement avec une pensée aussi sotte que saugrenue en m'imaginant que maman allait m'apparaître un jour ressuscitée.

Je parle aussi souvent à mon petit trésor, à Cybèle. Parler aux disparus, aux gens que j'ai tellement aimés me donne la sensation qu'ils m'entendent et qu'ils sont toujours avec moi.

Et en pleurant pratiquement tous les jours, je demande pardon à mes enfants et petits enfants pour leur avoir fait du mal et délaissés trop souvent.

Dans les périodes d'extrême détresse, la religion prend une place prépondérante c'est le lien vers qui se tourner lorsque l'on a tout perdu, c'est d'une importance capitale, le dernier espoir pour ne pas sombrer complètement.

Combien de fois, combien de prières ai-je demandé à la Sainte Vierge et au Bon Dieu, mais aussi à Sainte Rita la sainte des causes désespérées, toujours avec ce rituel de m'accorder ce vœu le plus cher au monde, retrouver mes origines et surtout aussi arrêter ses souffrances intolérables, mais là encore mes prières sont restées vaines.

Ce qui m'a dévoré de l'intérieur, c'est d'avoir tout garder pour moi durant ma vie entière, de n'avoir jamais raconté mon histoire parce que je n'avais d'une part, personne à qui en parler, et d'autre part, trop honte de ma condition.

CHAPITRE XXVI

LA CLINIQUE

Mon dernier recours pour découvrir l'histoire de ma naissance était la clinique où je suis née. Ce n'était pas à l'époque une clinique mais le domicile de cette sage femme, devenue ensuite, Maison de Santé puis Clinique Ordonner.

J'ai failli retrouver la sage femme qui m'a accouché, mais encore une fois par manque de chance, elle avait déménagé en banlieue parisienne. Les voisins n'ont pas voulu me donner sa nouvelle adresse et le courrier que j'ai envoyé à son ancienne adresse m'a été retourné vierge.

Lors d'une réunion organisée par une association, une journaliste de la télévision me proposa de participer à un reportage sur les enfants nés sous X. Elle me proposa d'aller directement à la clinique pour y trouver des informations. Je n'avais malgré mes multiples relances et courriers jamais réussi à avoir un contact ou une réponse du directeur de cet établissent. La décision fut prise d'intervenir sans rendez vous avec toute l'équipe du tournage.

Quelle erreur !

Le directeur était aussi le chirurgien de cet établissement, un homme corpulent, grand, de gros sourcils très fournis et rapprochés qui lui donnait l'air sévère et qui correspondaient bien à cet homme au teint rougeâtre.

Soudain, fou de rage en nous voyant, il nous jeta dehors tout en appelant la police. C'était un homme très sanguin, colérique et inhumain. De suite, la journaliste me donna la cassette pour que je la cache dans mes vêtements.

Je me rappellerais toujours l'expression de haine de ce chirurgien qui hurla hors de lui :

" De toute façon même si je savais quelque chose, je ne vous le dirais pas."

Cela avait au moins le mérite d'être clair.

Je suis bien consciente que cette intrusion a été une maladresse.

Ensuite, j'ai eu la confirmation que les archives de cette clinique étaient au sous sol de l'établissement.

Je n'ai pas baissé les bras et j'y suis retourné, j'ai rencontré sa femme, une personne très différente de lui, plutôt accueillante, une jolie blonde aux yeux bleus couleur myosotis. Elle m'écouta et me dit :

" Je vais demander à la secrétaire d'aller dans les sous sols regarder si il y a des archives de 1937."

Compte tenu de la résistance de son époux, j'aurais préférais évidemment y aller moi même, ou l'accompagner et naturellement je m'y attendais la réponse fut négative.

Alors, aurait-elle proposé cela pour me calmer et calmer la rage de son époux et moi de nouveau à penser : Y- a t-il eu substitution ? J'avais un doute.

Je voulais vraiment les voir de moi-même. Plusieurs années après, je renouvelais ma demande d'accès aux archives. Mais ce gynécologue était toujours aussi hargneux, extrêmement dur, d'une agressivité vraiment hors du commun, en me traitant d'une manière ignoble, méprisante, sans aucune humanité.

Pour conclure, il a ajouté :

" Allez y vous ne trouverez rien !"

Comment interpréter cette réponse ?

Cela veut dire qu'il y avait rétention de documents, il savait qu'il n'y avait rien, c'était clair pour moi, il y avait substitution.

Effectivement, je n'ai rien trouvé sur l'année 1937, seulement des archives certes, mais après 1945.

Je suis sortie de ce sous-sol en larmes, démoralisée, anéantie. Comment un homme exerçant la profession de gynécologue peut-il être aussi froid, dur, insensible, sans aucune émotion face à la détresse morale d'une enfant abandonnée ?

Comment un homme qui met au monde tous les jours des bébés peut-il réagir ainsi devant tant de douleur, c'est terrifiant !

A ce jour, je suis obligée de constater que personne ne m'a tendu la main, je me suis toujours battue toute seule. Je n'ai rencontré que de l'indifférence et des portes closes.

CHAPITRE XXVII

LE CNAOP

Le CNAOP fut crée en 2002, et détient une compétence exclusive sur la communication des informations. Sous certaines conditions, un enfant né sous X peut avoir communication des renseignements relatifs à ses origines.

Naturellement, je fus une des premières à demander l'aide du CNAOP sans espérer grand chose.
Voici la réponse :

" J'ai procédé à une lecture attentive de toutes les pièces, en comparant avec les éléments dont vous disposez déjà. Malheureusement, aucune indication concernant l'identité de vos parents biologiques n'y figure."

Je ne me faisais pas d'illusion, je m'y attendais. Mais cependant quel mal cela m'a fait, encore une fois tout s'écroulait autour de moi, échec sur échec, ce n'est pas possible !

Je ne peux pas et ne veux pas y croire !

Y a t-il une condition pour maintenir le secret ?

Mais persuadée que je n'ai pas obtenu la vérité sur ma naissance, je fais appel à la CADA, qui est la Commission d'Accès aux Documents Administratifs.

Elle joue le rôle de médiateur entre l'administration et ses interlocuteurs.

Mais en général cet organisme ne va que très rarement à l'encontre d'une administration surtout dans le cas du CNAOP, et bien sûr, rebelote, ma requête échoua.

Je ne veux toujours pas baisser les bras, je me battrais jusqu'au bout.
Madeleine, ma mère existe, il faut que je la trouve !

" Tu ne sauras sans doute jamais Madeleine, combien d'organismes et de personnes j'ai pu contacter ? Combien de milliers de lettres ai je écrites ? Combien d'années à me lever à 7 h du matin pour revenir à 20 heures le soir et combien de kilomètres ai je parcourus pour te retrouver ? Combien de nuits blanches ai je faites ?"

J'ai cherché sans répit jour et nuit avec cette force incroyable, cette volonté qui me poussait à aller toujours plus loin dans mes recherches. L'espoir je le sais est si mince, mais c'est cet espoir qui m'aide à continuer à vivre et qui m'aide à aller jusqu'au bout coûte que coûte.

Madeleine, rien ne pourra arrêter ma requête pour enfin un jour peut être te rencontrer. C'est aujourd'hui ma seule raison de vivre. Je t'en supplie fais moi un signe.

Je ne peux pas être l'enfant de personne, l'enfant de nulle part.

J'ai une mère qui m'a mise au monde et un père ! Mais au fait, mon père pourquoi je n'y songe jamais ? C'est bizarre, je n'ai jamais cherché à savoir qui il était ?

Était-ce le grand amour de ma mère ou seulement une aventure d'un soir ? Je plaiderais plutôt pour le grand amour étant donné le drame et la souffrance de ma mère lors de mon abandon, ses pleurs en témoignent.

Madeleine, tu sais bien que j'existe, pourquoi n'as tu pas chercher à me retrouver ? Moi je veux te connaître, je veux te voir, te respirer, te toucher, t'embrasser. Nous pourrions réunir nos souffrances pour les partager, il n'est pas trop tard si tu vis encore.

Et de me dire :

" As tu pensé à moi aussi souvent que j'ai pensé à toi ? Suis-je toujours présente dans ton esprit en particulier le jour de ma naissance le 24 janvier ? As tu des remords ? Comment vis tu ce si lourd secret ? M'as tu recherché désespérément comme j'ai pu le faire ma vie entière ?"

Sans arrêt toutes ces questions me hantent jour et nuit.

Après avoir abandonné son bébé de gré ou de force, peut on oublier et vivre comme avant comme si rien ne s'était passé ? Je ne crois pas !

Comment peut-on sacrifier son enfant ?

Tu m'as porté pendant au moins 8 mois. Comment as-tu pu obéir si facilement et faire ce que l"on te demandait ? Tu sais, Madeleine, tu n'étais pas là pour mes premiers pas, d'ailleurs à 2 ans je ne marchais pas encore faute de Maman, tu n'étais pas là pour m'embrasser, je n'avais jamais de câlins, pas là pour me cajoler, pas là pour m'endormir. Je ne sentirai jamais ta chair, ton odeur, tes mains, ta voix, ton parfum. J'ai besoin de savoir qui tu es, de savoir pourquoi tu as fait l'irréparable.

Je veux savoir ce que tu es devenue ? Es-tu toujours vivante ? Je veux te retrouver, c'est vital je fais partie de toi.

Mes gènes sont incontestablement identiques à ceux de ma mère biologique. Mon tempérament et ma détermination m'ont été transmis par les liens du sang. Je fais partie de tes entrailles, je suis ta chair, je suis ton sang, tu est ma mère qu'on le veuille ou non, et cela personne ne pourra nous l'enlever !

Donc Madeleine tu me ressemble.Tu as face aux obstacles quel qu'ils soient, une volonté féroce devant l'adversité et un courage incomparable. Je sais que tu as agi avec la même ferveur que moi à me retrouver.

Pourquoi tu n'y est pas arrivé ? Je sais que nous nous retrouverons un jour, je t'attends.

Mais le temps nous est compté.
Fais vite avant qu'il ne soit trop tard, moi j'ai tout essayé ou presque, toi seule détient la solution pour nous réunir. Je reste convaincue que tu est toujours là, je ne sais pas pourquoi, je le sens, le cordon ombilical n'est pas coupé. Un jour viendra ou tu te manifesteras d'une manière ou d'une autre. Nous avons le même caractère, tu ne pourras pas t'enfuir avec ton secret. Madeleine, je ne veux pas régler des comptes, bien au contraire, je suis prête à t'ouvrir mes bras. Si je t'ai attendu ma vie entière, ce n'est pas pour te rejeter aujourd'hui.

Je n'attends que cela !
Pour m'aider, je faisais appel à des associations tel que :
- La CADCO coordination des actions pour le droit à la connaissance de ses origines
- L'ADONX association pour le droit aux origines pour les enfants nés sous X.

Mon dossier était tellement difficile, que personne n'a pu m'aider. Pendant toutes ces années, je me suis battue toute seule, même mon époux ne m'a jamais soutenu, bien au contraire, lorsque parfois j'abordais le sujet, il me décourageait toujours disant que tout cela était inutile, que je perdais mon temps.

Il ne comprenait pas pourquoi je m'acharnais à chercher quelque chose d'impossible. Il n'y a rien a comprendre, C'est comme ça, c'est une force invisible qui me pousse jusqu'au bout de mes forces et que rien n'arrête avec l'infime espoir de trouver un indice si minime soit-il.

Le seul moment où je pouvais en parler était lors de ces réunions, je ressentais un certain réconfort car je me trouvais dans un environnement où les participants ont des histoires similaires. Nous parlions de la même chose, nous avions le même langage avec le même objectif, trouver nos origines. Nous pouvions nous extérioriser et nous étions écoutés et compris.

Il y avait une telle osmose que mon mari accepta quand même de venir une seule fois, à la sortie, il m'a fait cette réflexion :

" Parmi vous je me sens comme un étranger, maintenant je comprends mieux la sensation que l'on peut avoir lorsque l'on fait partie d'une minorité. "

J'avais toujours la rage en moi !

Je cherche une ombre, un fantôme, il faut bien se rendre à l'évidence la tache est insurmontable. Comment retrouver une femme dont les seuls indices sont un prénom, une année de naissance, une profession, un salaire ? Et encore en supposant qu'ils soient véridiques. C'est quasi impossible.

J'en suis bien consciente mais ne veut pas m'y résoudre, j'irai jusqu'à mon dernier souffle.

Les miracles existent !

J'ai envoyé des milliers de lettres naturellement Ddass, Cnaop, Député, Président la République, Généalogiste, journaliste, magazines, annonces, Recherches dans l'intérêt des familles, pompier, PTT, Ordre des comptables, archives de Paris, archives Nationales, BNF, archives de la Police, archives d'outre mer, médiateur, recensements, listes électorales, mairies, archives cliniques, archives des hôpitaux, avocat, Facebook, internet, Télévision, des médecins, et même un voyant et un médium, j'étais prête à tout pour savoir.

Une somme de travail colossale, d'une ampleur extraordinaire, sans relâche, jour après jour, mois par mois, année par année sans me décourager. Des kilomètre d'écriture manuelle, comme en témoigne cette photo , 2,20m de longueur sur 1.40m de hauteur, sans oublier les cinq dernières années où j'ai aussi travaillé sur internet.

Mais la récompense a été au rendez vous.

Tellement prête à tout, que je distribuais de l'argent à gauche et à droite, dans l'espoir d'être aidé. Il m'est arrivé parfois de tomber sur des gens peu scrupuleux et malhonnêtes, face à mon désespoir en voyant que j'étais prête à tout, ils n'ont pas hésité à me soutirer de l'argent. Notamment des personnes en qui je faisais une entière confiance et croyais à une sincère amitié n'étaient en fait qu'intéressées. Cela m'a déçue profondément.

Mon obstination était telle que j'ai continué sans relâche jusqu'à l'épuisement pendant plus de cinquante années, un demi siècle de recherches.

CHAPITRE XXVIII

LE DEFI

Personne n'est capable de se rendre compte de la volonté qu'il faut pour ne pas sombrer et arriver à surmonter sa détresse.

Je n'en parlais pratiquement jamais, c'était inutile car d'une part on ne peut pas expliquer cette épine que l"on a dans le cœur, et d'autre part personne ne peut rien pour vous, on est seule avec notre peine et notre douleur. Mon époux n'a jamais su à quel point j'étais malade, je crois même qu'il ne s'en rendait pas compte.

Bernard me dit un jour :

" Pour exorciser ce mal, tu devrais écrire un livre."

J'ai donc écrit un livre **"Madeleine comment"** cela m'a pris plusieurs années, mais c'est très pénible de se remémorer tous ses souvenirs. Je pleurais sans arrêt, cela a été très éprouvant, très difficile de se mettre à nu, mais j'y suis arrivé. Je pensais que cela allait m'aider, mais ce ne fut pas le cas.

Je m'étais dit, il faut expier le mal que tu as fait à tes proches et tu dois souffrir, mais pendant encore combien de temps. Alors je m'étais imaginé un scénario dans lequel je m'accordais des délais de souffrances.
Normalement au bout de tant d'années par exemple 10 ans, 20 ans, 30 ans, j'aurai expier et le calvaire devrait s'arrêter.

Le défi comporterait donc des décennales j'ai passé le cap des 40 ans sans qu'il se passe d'amélioration, bien au contraire, plus j'avance plus je souffre.

Quand cela va t-il s'arrêter ?
Puis, la décennale des 50 ans. C'est un cap important, mon chemin de croix touche à sa fin c'est ce que je me dis en estimant avoir suffisamment souffert toute une vie.
Vais-je enfin obtenir :
- le pardon de Maman ?
- le pardon de mes enfants ?
- le droit de retrouver ma mère ?

Dans ma béatitude, j'espérais que le Seigneur jugerait que j'ai été suffisamment punie pour mes fautes, que mes démons et mes cauchemars qui me hantent sans arrêt tous les jours finiraient par me quitter.
Le 15 décembre date fatidique du jour de la mort de Maman, vais-je retrouver la paix, la sérénité ? Est-ce que ce sera la fin de l'enfer que je vis depuis si longtemps ?

Relever le défi d'une sixième décennale est au dessus de mes forces.

Alors, on essaie toujours dans ces cas là de détresse, de se rapprocher de Dieu ou de la Sainte Vierge ou par exemple de Sainte Rita qui vous exauce pour les cas désespérés, j'allais prier auprès d'elle et je décidais aussi d'aller à Lourdes.

Après ces réflexions extravagantes, je me dis mais qu'importe finalement le temps, puisque je sais que bientôt je retrouverai Maman et Cybèle au Paradis. Que j'obtiendrais leur pardon, et je retrouverais certainement ma mère aussi, que j'aurai cherché une vie entière.

Je suis obligée de me rendre aujourd'hui à l'évidence, par ma faute, ma bêtise en travaillant sans relâche jour et nuit pendant 50 années à la quête de mes origines, je suis passée à coté du bonheur. J'ai tout détruit autour de moi, ma santé, mon foyer, mes enfants, mes amis. Je voulais pourtant, très souvent arrêter cet engrenage qui me rongeait et me détruisait peu à peu chaque jour davantage.

Je n'ai jamais pu occulter ce passage de ma vie cela est plus fort que ma volonté, c'est comme une immense déchirure qui ne veut pas guérir et malgré mon épuisement je suis déterminée à aller jusqu'au bout de mes forces, rien ne m'arrêtera pour savoir avant de disparaître, qui était ma mère, d'où je viens, qui suis-je réellement.
De toute façon maintenant il est trop tard pour enclencher la marche arrière, j'ai déjà sacrifier toute ma vie pour ça.

Je ne souhaite à personne de vivre ce que j'ai vécu, l'ENFER, la déchéance de son corps et de son esprit, je ne m'appartenais plus, mon corps voulait vivre, mais mon cerveau refusait. J'étais comme un condamné à qui il ne lui reste que quelques jours à vivre.

Comment faire lorsqu'on est seule à se battre et sans appuis ? Qui un jour avant qu'il ne soit trop tard voudra bien me tendre la main ?

J'entends souvent autour de moi des propos lorsqu'il y a un décès, les gens dirent :

" Tu sais avec le temps, on oublie."

Eh bien non, moi c'est le contraire, plus l'échéance de la fin de ma vie approche, plus mon désir de savoir est vital, c'est une course contre la montre.

Il est normal que ma dépression soit tellement sévère, car ce n'est pas un mais deux traumatismes très importants que j'ai vécu qui ont bouleversé toute mon existence. Ils ont été occasionnés par deux femmes, l'une par la Maman qui m'a élevée, car je souffre trop de sa disparition, l'autre par ma mère qui m'a mise au monde et que je ne pourrais jamais appeler Maman.

Dès ma naissance, j'ai connu la souffrance, ainsi que tout au long de ma vie. A chaque nouvelle épreuve la résistance a toujours été présente et suivie de rebondissement.

- J'ai survécu à ma naissance prématurée et "débile"
- J'ai survécu à mon suicide
- J'ai survécu à la mort de Cybèle
- J'ai survécu à la mort de Maman

J'ai toujours pensé que lorsqu'on désire quelque chose avec autant de détermination, en se répétant sans arrêt, je ne veux pas mourir sans savoir avec autant de volonté, autant intensément, lorsqu'on le veut tellement fort, on arrive à l'obtenir.

CINQUIÈME PARTIE

CHAPIITRE XXIX

LE MIRACLE

On était en Juin 2019, j'avais fait un test ADN sur les conseils de mon détective et aussi grâce à certains témoignages de personnes qui avaient eu la chance de retrouver leur origines.
Je n'étais pas très optimiste, j'en avais déjà fait plusieurs qui s'avéraient négatifs, c'est un test que l'on ne peut pas faire en France puisque c'est interdit, il faut en faire la demande aux États-Unis.

J'étais donc dans l'attente de ce résultat, assez fébrile quand même sans me l'avouer. Une équipe de la télévision était venue ce jour là pour m'interviewer au sujet de mes recherches, une journaliste et un cameraman, ils étaient arrivés depuis le matin et je leur expliquaient le calvaire que je vivais.

Mais ce que j'ignorais c'est que tout avait été programmé et aménagé pour m'apporter cette magnifique nouvelle, ce bonheur incroyable de m'annoncer qu'ils avaient retrouvé mon père.

Il devait être 17 h environ, mon mari avait été mis dans la confidence, je me doutais absolument de rien, mon téléphone sonne et c'est mon détective au bout du fil qui me dit :

" Michèle, nous avons retrouvé ton père !"

Je lui dis :

" Non c'est pas possible, tu es vraiment certain ?"

Il me confirme :

" Oui ! Certain à 100% ! Tu as 25 % d'ADN avec ta présumée sœur, tu as deux demi-sœurs !"

Je me mis à hurler, à sangloter et à me dire comment un tel miracle a t-il pu se réaliser ?
J'ai enfin été exaucé à 83 ans, après 50 années de recherches sans relâche.

Le Bon Dieu m'a entendu, c'est grâce à ma ténacité et ma persévérance que j'y suis arrivé, je n'ai jamais voulu écouter mes proches qui n'arrêtaient pas de me dire, c'est trop tard, il faut arrêter tu ne la retrouveras jamais ta mère, je n'ai jamais écouté personne, même lorsque j'étais dans un état pitoyable au bout du rouleau, je repartais de plus belle avec toujours cet acharnement qui ne m'a jamais quitté.

Ce jour là a été un des plus beaux jours de ma vie, enfin je savais comment je m'appelais, pas vraiment puisque mon père ne m'a pas reconnu, mais je pouvais enfin mettre un nom sur un visage que je voyais pour la première fois à 83 ans !

C'est une belle histoire que je découvrais. Mon père s'appelait Paul, il était d'origine arménienne, c'était un bel homme très viril, un teint basané avec de grands yeux noirs, il avait fière allure. J'étais éblouie et me dit que ma mère avait exactement les mêmes goûts que moi, car c'était le genre d'hommes que je préférais aussi.

Je découvris des photos, mais aussi son histoire. Il n'a vraiment, comme moi, pas eu beaucoup de chance dans sa vie avec un énorme traumatisme dès sa petite enfance.

Il a vécu pendant le génocide des choses horribles qui l'ont marqué à vie, il a été témoin et vu ses parents violés et tués sous ses yeux alors qu'il n'avait que 5 ans. Il a fui avec sa petite sœur.

Il est arrivé dans un premier temps à Marseille. Je me demande comment a t-il pu arriver en France, tout seul en étant orphelin, ayant en outre, perdu sa petite sœur, comment un enfant aussi petit, a t-il fait ?

Cela a du être quelque chose d'épouvantable pour lui, comment faire pour se loger et manger à sa faim, ce devait être atroce et une enfance comme celle là vous laisse des séquelles à vie.

Puis, ensuite, il a travaillé chez son oncle marchand de vélos à Valence, mais il me semble avoir compris qu'il l'exploitait, il a donc, finalement décidé de venir à Paris. Là encore, trouver du travail n'était pas évident, il a fait beaucoup de petits boulots à l'époque pour survivre, cireur de chaussures, barman et aussi les marchés des environs.

Et c'est là sur un de ces marchés qu'il a dû rencontrer ma mère. Ce fut, j'en suis certaine, un coup de foudre. Il était si beau ce jeune homme ténébreux et ma mère devait être tellement belle aussi, ils formaient sûrement un très beau couple.

Leur idylle a dû durer quelques mois, mais le sort s'est acharné sur eux, et en a voulu autrement. Paul sortait avec quelques copains qui n'étaient pas toujours de bonne fréquentation. Sans emploi, la vie à cette époque à Paris était très dure, surtout lorsqu'on ne maîtrise pas la langue de Molière et que l'on est émigré, il fallait se battre pour vivre. Il n'y avait aucune aide de l'état et mon père et ses deux complices faisaient de temps en temps quelques petits larcins pas très lucratifs du genre vol de corsets dans les véhicules.

Aujourd'hui cette petite délinquance passe presque inaperçue, mais en 1937 ce n'était pas le cas et surtout lorsqu'on était réfugié il fallait se montrer irréprochable pour être accepté en France.

Les deux compères récidivistes ont écopé de prison ferme et ont été expulsés, quant à mon père après 3 mois de prison, il est sorti.

Paul adorait la France, il n'avait qu'une seule peur c'est d'être expulsé comme ses copains, alors pour lui la seule solution était de s'engager dans l'armée et c'est ce qu'il fit.

Ces événements auraient pu être sans gravité, sauf que le comble de la malchance est, que cela s'est produit seulement 3 jours avant ma naissance soit le 21 Janvier 1937. Je vous laisse imaginer la détresse de ma mère devant ce drame et je suppose que c'est pour cette raison qu'elle décida de m'abandonner.

Paul est parti, les liens avec Madeleine ont été rompus, c'est seulement vers 1942 qu'il est rentré en France blessé à la guerre.

Il est revenu à Paris, pourquoi n'a t-il pas revu Madeleine ? Que s'est-il passé ? Savait-il qu'elle était enceinte ? C'est un mystère !!

Il a rencontré un autre femme, il s'est marié en 1942, 3 enfants sont nés de cette union.

Un de ces enfants est décédé un garçon peu de temps avant nos retrouvailles, mais j'ai eu la chance de retrouver deux demi-sœurs, Jocelyne et Françoise, qui m'ont accueillies à bras ouvert, c'était vraiment miraculeux, le rêve de toute une vie venait de se réaliser.

J'ai eu beaucoup de chance de retrouver mon père, cela a pu se faire grâce à un concours de circonstances extraordinaires. Le détective ne voulait pas me dévoiler ses sources, mais il était sur une piste sérieuse d'un nommé Olivier qui venait de faire un test ADN afin de voir s'il avait des gènes en rapport avec la maladie de son père décédé d'un cancer.
Une chance inouïe ce père était le frère de mon père !

Mais également, s'enchaîna un autre lien d'ADN avec un petit garçon Damien dont on ne saisissait pas le lien proche avec Olivier, mais c'était son fils.

Ensuite bien sûr, ce fut pour le détective, un jeu d'enfant de retrouver mon père.

Nous étions certain que c'était mon père puisque nous avions déjà un lien avec Olivier et un lien avec Damien, mais pour obtenir la finalité de ce test, le détective qui fit appel à l'aînée de mes demi-sœurs Jocelyne, et c'est grâce à son soutien que j'ai pu retrouver mon père, elle a acceptée de suite, et je la remercie infiniment. En revoyant la vidéo, c'est assez rigolo car elle dit :

"Qu'est-ce qu'il ne faut pas faire ?"

Un dénouement merveilleux, et surtout le fait que je n'ai pas été rejeté une seconde fois, mes demi-sœurs évidemment ont été ébranlées par cette surprenante demi-sœur qui arrive sans tambour ni trompette dans leur famille, n'importe qui l'aurait mal pris, une sœur qui arrive comme un cheveu sur la soupe à l'âge de 83 ans.

Mais non, au contraire, j'ai été super bien accueillie par ma sœur aînée Jocelyne, qui me voyant en photo à dit :

" Mais c'est une vieille."

Nous avons bien rigolé.

Les retrouvailles furent organisées en Juillet dans la région du sud ouest, où ma plus jeune sœur Françoise a une résidence secondaire, il y avait le détective, le cameramen, la journaliste, mes sœurs avec leur époux et une petite fille de Françoise.

Ce fut une journée mémorable, pleine d'émotions, de rires et de joies et de larmes de bonheur.
Il y eu une anecdote très cocasse à notre arrivé. J'étais très stressée, je me disais :

" Comment cela va se passer ?"

J'étais très émue, on me donne l'adresse de la maison. Voilà je suis devant la porte. Je n'osais pas appuyer sur le bouton de la sonnette. Enfin j'appuie, le portail s'ouvre, je vois devant moi une allée et tout au bout alignée mes sœurs, le détective le cameramen pour filmer.
Je veux m'avancer et patatras, boum, je me tords la cheville, car pour me grandir j'avais mis des chaussures à hauts talons. Je tombe à la renverse, les quatre fers en l'air, la bouteille de champagne que j'avais dans les bras roule par terre.

Dans un premier temps tout le monde était affolé, comme je me mets à rire un fou rire général s'est emparé de nous. Nous étions écroulé de rire, quelle arrivée !

On essaie de me relever, voilà une entrée bien réussie !

Nous étions écroulées de rire, un joyeux repas a suivi à l'extérieur sur la terrasse de cette jolie maison, c'était très animé nous avions tellement de choses à nous dire, et convivial comme si nous nous étions toujours connu, je me sentais adulée. Une aventure extraordinaire après 50 années de recherche, et à 83 ans.

Bien sûr c'est un peu tard, je sais bien que nous ne pourrons jamais rattraper le temps perdu, nous vivions l'instant présent, c'est quand même merveilleux. Mes sœurs m'ont montré des photos de mon père, ce n'est plus un fantôme. Je découvre ce très beau jeune homme, très viril, brun aux yeux de velours. Comme il était beau !

J

e voulais tout savoir sur mon père, mes sœurs malheureusement ignoraient tout et ne pouvaient m'éclairer davantage, par contre les seules révélations ont été trouvées par le détective.

Mes sœurs découvraient en même temps que moi le passé de leur père.

Ma mère, Madeleine lors de mon abandon pleurait beaucoup, contrainte et forcée dit-on, est-ce donc à cause de ça qu'elle a dû m'abandonner ? Ou est-ce à cause de ses parents ? Aujourd'hui ce qui me rend malade, c'est de ne pas connaître la véritable raison de mon abandon, de ne pas savoir ce qu'il s'est réellement passé. Je ne le saurais sans doute jamais. Cela est comme une belle histoire qui n'a pas de fin, un beau conte de noël, un rêve inassouvi.

Naturellement, la première question qui me vient à l'esprit lorsque nous nous sommes rencontrés a été de leur demander :

" Est-ce que votre père a parlé un jour de la fiancée qu'il avait connue avant votre maman ?"

Et malheureusement la réponse n'était pas celle que j'attendais. Mon père n'a jamais parlé de cette aventure ! Je suis très déçue.

Je ne connaîtrais jamais mon histoire, je ne saurais jamais réellement ce qui s'est passé le 24/01/1937 pour qu'elle décide de m'abandonner.

Même aujourd'hui, je n'arrive toujours pas à réaliser, j'ai retrouvé une partie de ma famille, j'ai deux sœurs c'est surréaliste, moi qui était toute seule toute ma vie j'aurai tellement voulu les connaître plus tôt, que de temps perdu et ce temps là ne se rattrape pas.

Ce qui est vraiment incroyable c'est que pendant ces 50 années, je ne rêvais que de retrouver ma mère et jamais à mon père. Et c'est lui que je retrouve en premier, le combat va donc continuer car maintenant il va falloir que je retrouve ma mère avec toujours aucun indices supplémentaire.

J'avais complètement faux dans mes pensées, Maman m'avait toujours laisser penser que je pouvais être espagnole, à cause de la guerre civile en Espagne en 1936, d'autant plus que j'avais une chevelure très brune et un teint plutôt un peu mat.
Arménienne ! Jamais je n'aurais imaginé être d'origine Arménienne, je ne regrette pas, bien au contraire, en voyant la joie de mes deux demi-sœurs et l'accueil chaleureux que j'ai reçu, je ne pouvais pas tomber mieux.

Je me demande si mon père savait que j'existais, était-il au courant de la grossesse de Madeleine ? C'est encore et toujours des questions sans réponse. D'après mon nouveau beau frère, il pense que Paul, s'il avait su, ne m'aurait jamais abandonné compte tenu des circonstances de son enfance.

J'aurais tellement voulu le connaître ce père, il était si beau et il avait l'air si bon sur les photos, tellement doux avec ce regard bienveillant, il avait tellement souffert tout petit de la mort atroce de ses parents, c'est abominable. Comment peut on se reconstruire lorsqu'on a vécu de tels supplices ?

Je n'ai jamais accepté d'être une enfant née sous X, d'être l'enfant d'une personne que je ne connais pas et dont j'ignore tout, je n'ai jamais accepté d'être l'enfant de nulle part. Toute ma vie j'ai combattue cette injustice, savoir la vérité sur ma naissance. Je connais aujourd'hui une partie de mon histoire, mais bien trop tard pour connaître le comment et le pourquoi de ma belle histoire.

Quoi qu'il en soit en cet instant précis mon bonheur est intense, je suis aux anges. Je pense souvent à Maman, il ne se passe pas une journée sans que je pense à elle. J'essaie toujours d'occuper mon esprit pour ne pas y penser, mais aujourd'hui ce ne sont plus des choses tristes que je me remémorent, le soir avant de m'endormir, je lui raconte mon miracle. Je me dis que c'est à force de lui demander de m'aider, de venir à mon secours que tout cela s'est enfin réalisé.

Je savoure chaque jour la joie des retrouvailles, je ne suis plus seule au monde, j'ai une vraie famille, j'ai un père, des sœurs, des cousins, enfin mes racines, et maintenant je suis encore plus déterminée à retrouver mon coté maternel, ma mère et peut être aussi des sœurs ou frères.

Avec les retrouvailles de mon père, mes cauchemars morbides ont diminué il n'y a plus la mort et tout ce sang, ils ont fait place à d'autres cauchemars moins horribles, mais tout aussi stressants.

Dans mes nuits toujours très agitées, je cherche continuellement à aller voir maman, elle n'est plus morte mais cette fois vivante, elle veut me voir, il faut que j'y aille, mais je n'y arrive jamais, je cours partout, je cherche, il faut que j'aille la voir dans sa petite maison à Nesles, mais je retrouve plus la route, c'est terrible ! Ou alors j'essaie à tout prix de l'appeler et on m'en empêche, je ne peux pas y arriver, je ne retrouve plus le téléphone, il faut absolument que j'y aille elle m'appelle, ou alors ce sont mes petits, je ne retrouve plus la route, c'est très angoissant, cependant malgré tout, je suis beaucoup plus apaisée et sereine je n'arrive toujours pas y croire.
Chaque jour,j'ai continué mon combat seule contre tous, contre mes proches qui me décourageaient tout le temps. Maintenant, je vais continuer mon combat pour ma mère cette fois, malgré ma fatigue physique et morale.

Avec mes sœurs, nous avons évoqué des souvenirs, surtout je voulais en savoir plus sur mon père, et naturellement sur toute ma famille paternelle, j'ai appris que j'avais une nièce au Texas, la fille de Françoise, et un neveu Ludovic. Mais aussi un neveu à Paris William, le fils de Jocelyne. Enfin, une vraie famille, quel bonheur, moi qui a toujours été seule toute ma vie.

De mon coté, j'ai raconté ma vie très banale et monotone avec Maman, une vie toute simple à la campagne, mon mariage, mes enfants, tout cela était très émouvant. Mes deux sœurs sont très sympa, j'ai eu beaucoup de chance d'être accueilli de cette manière, en arrivant comme un intrus dans leur vie, je tiens à les remercier chaleureusement, tout cela tient du miracle.

Mes deux charmantes demi-sœurs Jocelyne et Françoise de mon côté paternel, ne peuvent m'en dire davantage, car elles ignoraient tout de mon existence.

J'ai retrouvé mon père, et deux demi-sœurs je devrais être heureuse, pas tout à fait car je me pose toujours les mêmes questions :

- Que s'est-il passé ?
- Pourquoi se sont-ils séparés ?
- Est ce que mon père savait que Madeleine était enceinte ?

J'aurais aimé que ce soit une belle histoire d'amour, mais maintenant je suppose plutôt à une aventure sans lendemain, ce qui me rend triste. Je ne saurais jamais, mon père n'a rien dit.

Depuis ces révélations, pleins de choses trottent dans ma tête, je peux maintenant commencer à faire mon arbre généalogique, mettre un nom sur un visage, c'est magique et vertigineux, l'autre jour je parlais à des amis et l'un deux me demande :

" Tu es de quelle origine ?"

Je me suis surprise et lui dis d'un air ébahi :

" Je suis Arménienne !"

Ma réponse m'a fait tout bizarre, car tant de fois on m'a demandé d'où viens-tu ? Comment tu t'appelles ? Je ne pouvais répondre. C'est quand même fabuleux de dire, je sais aujourd'hui que je suis Arménienne, je suis comme tout le monde, j'ai un nom, une identité, je ne suis plus seule au monde, j'ai un père, des sœurs, une famille ! Et j'espère bientôt une mère !

Bien sur, une invitation est programmée pour que mes sœurs viennent voir mon environnement, mais cela n'a pu se faire à cause du Covid et l'échéance a du être reportée pendant presque deux ans, c'est bien dommage, mais nous avons correspondu régulièrement.

CHAPITRE XXX

LES RETROUVAILLES

Fort de cette expérience fabuleuse, je décidais avec l'aide de mon détective de faire cette fois un nouveau test ADN de mon coté maternel.

Alors, là par contre cela s'avéra beaucoup plus difficile, mais j'étais très motivée seul un test pouvait m'aider, n'ayant aucun élément identifiant sur elle à part son prénom, en outre très courant à cette époque et sa profession comptable, mais où et nombrable, autant dire chercher une aiguille dans une botte de foin. Durant toute mon existence, de nombreuses personnes ont voulu m'aider mais devant la difficulté, elles ont toutes abandonnées, me conseillant même de laisser tomber, une tâche trop ardue et vouée à l'échec certain.

Il ne me restait plus qu'un infime espoir le test ADN !

Cela dura encore trois longues années à ruminer, à chercher, à passer des nuits sans sommeil, et toujours rien.

Les recherches étaient compliquées, s'orientaient vers la Bretagne dans la région des Côtes d'Armor c'était déjà formidable de me dire que ma mère devait être Bretonne, qui aurait pu imaginer ma mère Bretonne alors que je pensais plutôt être méditerranéenne, Italienne ou Espagnole.

Durant cette période, de nombreux tests encore ont dû être faits, à chaque fois négatifs. J'avoue que j'étais démoralisée et tellement fatiguée, chaque déception me torturait, d'autant plus que mon entourage ne m'aidait pas, je n'en pouvais plus de me battre seule, j'étais au bout du rouleau et miracle, quant mon fils aîné fraîchement retraité, a vu dans quel état d'extrême détresse j'étais est venu à mon secours.

Enfin pour une fois, je n'étais plus seule, mon gamin était à mes côtés, j'ai repris courage, j'ai retrouvé mon dynamisme et la force de continuer.

Il a commencé par reprendre complètement tout de A à Z. C'est un garçon très intelligent, il est ingénieur de l'école des Arts et Métiers, il est très rigoureux et méthodique. Il a commencé à me faire des tas de tableaux très compliqués de plusieurs familles avec leur descendance sur plusieurs générations. Des tableaux dans lesquels je ne comprenais pas tout, je n'osais pas lui dire de peur de le fâcher.

Phase 1: Les recherches dans les archives de Paris et les recensements de 1936 ou Madeleine HUNACQ

Tout d'abord, il rechercha dans les archives de Paris et les recensements de 1936. Ces recensements sont remarquables d'intérêt car il y est fait état de toutes les personnes habitant tel ou tel arrondissement, tel ou tel quartier, telle ou telle rue, tel ou tel immeuble, ... Leurs analyses est un travail de titan vu la masse d'informations qu'ils contiennent. Ainsi, il a fallu rechercher toutes les Madeleine qui habitaient dans les arrondissements du nord de Paris, qui avaient entre 20 ans et 40 ans en 1936, qui étaient comptable, et si possible qui étaient seules et dont les parents étaient décédés.

Ces critères permettaient d'assurer le lien avec le document remis par la DDAS en supposant que ce dernier était juste ou partiellement juste. A cet effet, on a élargi l'age des Madeleine par exemple …

Et parmi toutes ces Madeleine nées dans le 17ème, 18ème, 19ème, 20ème, 9ème et 10ème arrondissements de Paris, il se trouve qu'une Madeleine remplissait tous les critères: elle était née en 1916, habitait rue de la goutte d'or, donc très près de la rue Ordener, était comptable et dont la mère venait de décéder et le père était disparu. C'était la seule Madeleine qui correspondait parfaitement aux critères, mais comment s'assurer que c'était la bonne Madeleine, Madeleine HUNACQ.

Il me dit :

" Je suis certain, c'est elle !"

Il était convaincu et moi aussi. Nous voilà parti pour une nouvelle aventure et essayer d'en savoir plus, avec beaucoup de travail. Il fallait trouver maintenant ce qu'était devenu Madeleine HUNACQ. Il a ensuite retrouvé que Madeleine avait un frère, que celui-ci avait habité dans le nord de Paris lors de la seconde guerre mondiale avec sa sœur Madeleine, mais que ce quartier avait été détruit lors des bombardements sur Paris de 1944 … et donc, à nouveau plus de trace.

Où était-elle ? Qu'étaient-ils devenus ?

A force de recherches, mon fils a trouvé que ce frère avait créé un forum sur internet où il avait fait part d'informations. Mais à nouveau un point d'arrêt, ces informations s'arrêtaient brutalement il y a une petite dizaine d'années. Ce frère était visiblement décédé quelques années plus tôt et la piste s'arrêtait là.

Cependant, il y avait sur ce forum des traces de l'endroit où il vivait, et ainsi nous avons pu retrouver l'une des personnes descendantes, une petite fille et des petits fils de ce frère, qui habitait dans le sud de la région Parisienne, dans l'Yonne.

Enfin, on venait de retrouver une piste avec des descendants, donc la possibilité de faire des tests ADN. Nous étions persuadés que Madeleine HUNACQ était ma mère. Prenant mon courage à deux mains, j'ai contacté une partie de la famille dans l'Yonne, et cerise sur le gâteau, je suis tombé sur des personnes adorables, d'une extrême gentillesse qui de surcroît étaient aussi persuadées que nous que Madeleine était ma mère. J'allais être accueillie à bras ouvert.

Nous avons correspondu assez longtemps, un test ADN a été fait de suite avec une cousine et patatra, ce n'était pas elle, quelle déception, cela avait pris 5 mois pour trouver Madeleine HUNACQ, remonter cette piste et retrouver des personnes de sa famille pour faire ces tests génétiques !

Il fallait tout reprendre et trouver une nouvelle idée.

Après cet échec, il ne fallait surtout pas se démoraliser. De mon coté, j'avais tellement fait de tests sans résultat que je tenais le coup, mon fiston continua courageusement la tâche et une autre piste lui apparut très fiable en rapport avec mes gènes et mon arbre.

Il s'appelait Christian BROUT, il m'avait envoyé son arbre très détaillé de ses descendances et son grand père aurait fauté avec un lien très proche de mon ADN. Mais là aussi ce fut une fausse piste.

Il y avait tant de pistes possibles, nous avions l'impression d'être tout près sans pouvoir y arriver, Une nouvelle famille avait sa préférence après ces échecs. Il avait ciblé une probabilité sur la famille HANRY, mais complication, il s'avérait que c'était trois filles HANRY mariées avec également 3 frères.

Il a dû descendre chaque famille, branche par branche sur 5 à 6 générations, avec leurs descendances. Il savait tout mieux que moi sur plusieurs lignées, le nom des arrières grands parents, des grands parents et parents, il connaissait tout par cœur, leurs naissances, leurs mariages, leurs décès. Mais ce n'était pas facile car la Bretagne est une région où l'on se marie entre familles et cousins et tous les enfants se prénomment pareils, Yves, Yvon, de père en fils, ou Marie et le même prénom pour la mère, et l'enfant, et toute la famille.

Il connaissait les dates précises de chacun sans se tromper, je me demandais comment il pouvait retenir tout ça ! Surtout que la piste qu'il avait trouvée n'était pas la plus facile entre trois sœurs mariées avec trois frères, difficile de s'y retrouver avec les mêmes prénoms et noms, encore plus compliquée pour les descendances.

De mon coté, je faisais tout ce que je pouvais pour l'aider. Nous n'y arrivions pas, nous avions l'impression de tourner en rond, tout en sentant qu'on était près du but. Il avait répertorié plusieurs familles pouvant correspondre avec mon ADN, dont ces trois sœurs et trois frères, mais dans les descendances des uns et des autres sur plusieurs générations, aucune Madeleine à l'horizon.

Le détective lui de son coté, voyant la difficulté, me fit comprendre qu'il ne pouvait plus aller plus loin et me demandant quand même des frais supplémentaires que j'estimais maintenant trop élevés compte tenu du peu de résultats probants.

Je décidais d'arrêter ces dépenses trop onéreuses et de continuer avec mon fils qui travaillait avec acharnement tous les jours avec la même ténacité, la même volonté que moi pour y arriver. Il a bossé comme un forcené cela pendant plus de deux ans tous les jours, on s'appelait régulièrement pour comparer nos avancées.

De mon côté, je faisais tout ce que je pouvais pour l'aider.

Mon fiston commençait à se décourager.

Chaque jour il m'annonçait des noms sur des familles, et moi de mon coté je regardais si ce nom me parlait. J'avais depuis toutes ces années des milliers de noms possibles en ayant fait jour après jour dans les archives de Paris, pour les 20 arrondissements de Paris, toutes les naissances des Madeleine de Paris nées ente 1912/1922, ainsi que toutes les Madeleine mariées à Paris ou en province entre 1937/1955, de même que tous les décès des Madeleine en rapport avec leurs actes de naissances. Un travail colossal pendant de longues années lorsque j'habitais Paris. Mais également j'avais aussi en ma possession, tous les recensements des 20 arrondissements de Paris surtout pour le 18ème arrondissement, mais aussi, 10e, 11e, 17e. Sans oublier les listes électorales après 1946 et même après.

Phase 2: Les recherches des comptables, aide-comptables, sténo-dactylo et mécanographe des registres de 1936 ou les Madeleine absentes.

Après cet échec, il ne fallait surtout pas se démoraliser, malgré la difficulté mon fiston repris courageusement la tâche. Moi de mon coté, j'avais tellement fait de tests sans résultat que je tenais le coup.

Dans mes registres, j'avais noté toutes les filles qui étaient comptables, aide-comptables, sténo-dactylo ou autres comme mécanographe, Il repris toutes ces listes et rechercha d'abord les Madeleine pour voir ce qu'elles étaient devenues et si il y avait ma potentielle mère. Cela ne donna rien, nous ne trouvions aucune Madeleine née entre 1910 et 1920, orpheline habitant dans les arrondissements du nord de Paris et même si il prenait comme hypothèse un autre prénom, on ne trouvait aucune correspondance. Cela avait pris 2 mois pour ne rien trouver, aucune piste. Les registres professionnelles des comptables étaient pauvres à cette époque et la profession n'était pas encore bien définie.

Phase 3: Les recherches génétiques ou la découverte d'une erreur de remontée d'arbre généalogique.

Du coup, mon fils qui ne croyait pas beaucoup en l'analyse génétique se mit à analyser les résultats de mes tests génétiques.

En reprenant l'analyse génétique, les seules personnes qui n'étaient pas liées à mon père, possédaient moins de 1% de correspondance génétique avec mon ADN, et encore seulement 6 correspondances non liées à mon père étaient supérieures à 0,5% !

Il décida de s'y atteler et repris également les analyses de mon généalogiste et au bout d'une semaine, il se rendit compte que mon généalogiste avait fait une erreur lors de la remontée de l'arbre généalogique à partir des tests génétiques. Le test génétique indiquait 0,9% de concordance avec Anna CAPOTOUNE et aussi 0,4% avec François CAPOTOUNE le père de Anna, donc le lien se faisait via le père de Anna et non pas la mère. Le généalogiste avait pris la mère de Anna comme hypothèse probable de mon ascendance génétique et c'était une erreur d'après mon fils.

Dès lors, faute d'autres pistes ou d'idées, mon fils d'un naturel très cartésien entrepris d'utiliser ces faibles pourcentages de correspondance génétique pour essayer de trouver de nouvelles pistes de recherches.

Il y avait 6 familles potentielles: CAPOTOUNE, GIGINE, PROVAST, BROUT, BALLUC et UIGUIT mais avec des pourcentages de correspondance génétique compris entre 0,9% et 0,5% donc des cousins, cousines très éloignées. Il trouva en faisant des recherches généalogiques sur internet que CAPOTOUNE, BALLUC et GIGINE faisaient probablement partie d'un même ensemble, que PROVAST et UIGUIT faisaient partie d'un autre ensemble et que BROUT était seul. Mais que faire avec ces nouvelles données potentielles ?

Phase 4: Les recherches généalogiques en s'appuyant sur l'ascendance génétique BROUT et PROVAST.

Mon fils décida alors de croiser ces 6 noms de famille et trouva un lien de parenté entre BROUT et PROVAST qui se situait dans la Nièvre, villes de Luzy, Tazilly. Ensuite, il trouva une importante descendance de filles candidates du côté de BROUT, dont deux seules filles résidèrent à Paris à cette époque : Madeleine et Léonie BROUT.

Il y avait bien une Madeleine et trouva que Madeleine ne vivait pas seule : elle était très proche de sa sœur qui avait perdu une fille prénommée Marie Madeleine.

Madeleine était dactylo et a d'abord habité chez sa sœur lors du recensement de 1926 rue Bénard dans le 18ème arrondissement, puis au 22, rue Feutrier toujours dans le 18ème arrondissement lors du recensement de 1931 et de 1936.

Ce qui est troublant, c'est qu'elle vivait dans un logement avec 2 hommes lors du recensement de 1931, sachant qu'ils travaillaient tous les 3, ce n'était donc pas par souci d'argent qu'ils vivaient ensemble. De même, ce qui est aussi troublant, c'est qu'elle était absente lors du recensement de 1936, et donc on ne peut savoir si elle y vivait seule ou non.

Par ailleurs, il trouva étonnant que quelqu'un ait déposé sur l'un des sites généalogiques son acte de décès et d'autres documents alors qu'elle n'avait ou n'aurait pas eu de descendance. Pourquoi quelqu'un avait-t-il déposé de tels documents si cette femme n'a pas été mariée et n'a pas eu de descendance.

Madeleine BROUT est une bonne candidate, le seul point qui ne collait pas était son âge. Madeleine avait la trentaine à ma naissance, et le fait qu'elle ait vécu avec 2 hommes. Mais la piste s'arrêta là car sa famille, ses parents et elle-même, était originaire de la Nièvre, et visiblement aucun lien ne pouvait être établi avec les 5 autres personnes issues des test génétiques.

BROUT et PROVAST sont des noms très répandus et il est fort probable qu'il fallait trouver un autre lien. Par ailleurs, j'avais pris contact avec la personne ayant fait le test génétique où apparaissait le nom de BROUT et cette personne m'avait transmis son arbre généalogique et cette branche BROUT de sa famille était originaire de la région de Rennes, et non pas de la Nièvre. Deux mois de recherches pour rien et pourtant cette histoire collait bien a priori.

Alors, il fallait avoir une autre idée pour rechercher une autre piste. Mais quelle idée?

Phase 5: Relire encore l'acte d'abandon de la DDAS et les résultats des recensements de 1936

Relire, relire, relire encore l'acte d'abandon de la DDAS rien de nouveau, pas de piste supplémentaire.

Refaire encore les recensements de 1936 dans les arrondissements du nord de Paris, mais pas de piste supplémentaire.

Phase 6: Les recherches généalogiques en s'appuyant sur l'ascendance génétique CAPOTOUNE

Alors, la seule piste : remonter l'ascendance CAPOTOUNE et de l'ascendance CAPOTOUNUE rechercher des descendances qui permettraient de tomber sur des BROUT, PROVAST, UIGUIT, BALLUC ou GIGINE . Cette méthode basique présentait l'avantage de sa robustesse, mais obligeait à s'éloigner dans le passé et donc à multiplier les branches généalogiques de recherche. Enfin, mon fils hésitait à s'atteler à cette tâche énorme, mais il ne voyait pas d'autre possibilité fiable.

Il remonta donc la généalogie CAPOTOUNE et se rendit compte que 2 générations ascendantes de François CAPOTOUNE l'on tombait sur 3 sœurs HANRY, qui avaient épousé 3 frères LA FOLL. Il y avait également une quatrième sœur qui avait épousé une autre personne dénommée LA GOLL. Heureusement, les 3 frères n'avaient pas d'autre frère et sœur !

Donc, pour lui, il devenait fortement probable que ma mère était une descendante de l'un de ces 4 couples HANRY-LAFOLL pour 3 d'entre eux ou HANRY-LAGOLL pour le quatrième. Maintenant, il allait falloir reconstituer les arbres généalogiques de ces 4 familles.

Vu le nombre d'enfants (une dizaine par couple) sur 2, 3 et 4 générations cela allait en faire des candidates, mais encore fallait-il retomber sur d'autres noms apparaissant dans les test génétiques comme PROVAST, UIGUR, GIGINE.

Phase 7: La reconstitution de l'arbre généalogique des familles "HANRY-LAFOLL-LA GOLL" à partir des actes de naissances et de mariages des Côtes-du-Nord

Il engagea alors les recherches dans les registres d'actes de naissance et de mariage des villages des Côtes-du-Nord pour trouver la descendance des filles HANRY et des fils LAFOLL et LAGOLL. In fine, après 1 mois de consultation de registres, il avait trouvé au moins une cinquantaine de filles descendantes de ces 4 couples en âge de procréer en 1937, et donc qui pouvait être ma mère.

Il allait falloir restreindre cette liste. Mon fils continua à chercher à partir des tests génétiques pour essayer de trouver la bonne branche "HANRY-LAFOLL- LAGOLL".

Il trouva d'abord que le gène relatif à "PRAVAST" était lié à un autre couple "HUNRY-LU FALL" que le gène relatif à "CAPOTOUNE". Ensuite, il trouva que le gène relatif à "UIGUIT" était lié au même couple "HANRY-LAFOLL" que celui relatif au gène "PROVAST".
Par contre, pas de couple candidat pour le gène relatif à "GIGINE", ni à "BROUT".

A ce stade, il était convaincu que ma généalogie était liée à l'un de ces couples "HANRY-LA FOLL" ou "HANRY-LAGOLL" nés entre 1838 et 1850, soit entre 90 et 100 ans avant ma naissance !

D'après lui, ma mère était donc probablement l'une de cette cinquantaine de fille, liste qu'il avait obtenu à partir de recherche sur des sites généalogiques mais surtout à partir des registres de naissance et de mariage de quelques villages du centre de la Bretagne.

Phase 8: Confirmer cette hypothèse et ces résultats à l'aide des personnes identifiées dans les très faibles pourcentages des test génétiques

Pour confirmer cette hypothèse, il regarda dans des plus petits pourcentages, entre 0,5% et 0,3%, et trouva que j'avais 3 ou 4 personnes qui étaient des descendants des parents ou grand-parents des 4 filles HANRY.

C'était donc certain, je descendais de l'une de ces 4 filles HANRY : l'une d'entre elles était mon arrière grand-mère, ou arrière-arrière grand-mère ou arrière-arrière-arrière grand-mère.

Malheureusement, ces petits pourcentages n'apportaient rien de plus. Ma mère restait l'une de ces cinquante petite filles, arrière petite filles ou même arrière-arrière petite filles née entre 1890 et 1920, et comment pourrais-je savoir laquelle ?

Inutile de dire que je ne comprenais rien ou presque rien à ce que faisait mon fils, mais lui il y croyait et considérait que l'on était presque au but. Il restait une cinquantaine de possibilité mais ma mère était pour lui, l'une d'entre elles !

Il a dû descendre chaque famille, branche par branche sur 4 à 5 générations, avec leurs descendances. Il savait tout mieux que moi sur plusieurs lignées, le nom des arrières grands parents, des grands parents et parents.

Il connaissait tout par cœur, leurs naissances, leurs mariages, leurs décès. Et ce n'était pas facile car la Bretagne est une région où l'on se marie entre familles et cousins et tous les enfants se prénomment pareils, Yves, Yvon, Marie, Louis, de père en fils, ou Marie et le même prénom pour la mère, l'enfant et toute la famille, et aucune Madeleine.

Pas la moindre Madeleine à l'horizon, et d'ailleurs, dans tous ces petits villages du cœur de la Bretagne, seulement 3 Madeleines étaient nées dans ces années là, comment trouver la nôtre ? Dans ces villages très chrétiens, comment peut-on appeler sa fille Madeleine ?

Phase 9: Restreindre le champ des possibles à l'aide de l'acte d'abandon de la DDAS.

Il allait falloir encore trouver une piste pour réduire l'éventail, mais quelle piste ?

Après quelques semaines de réflexion et de recherches à nouveau sur les registres de comptable et de recensement, mon fils eut une nouvelle idée trier toutes ces filles candidates avec quelques critères.

Il retint 4 critères :
- avoir l'âge de procréer en 1937 (ou avoir eu des enfants en âge de procréer en 1937),
- être célibataire en 1937,
- vivre à Paris ou en proche région parisienne en 1937,
- avoir ses parents décédés (ma mère avait déclaré que ses parents étaient décédés).

Pour ce faire, il fallait avoir les âges, c'était plutôt facile.

Leurs statuts mariée ou célibataire ce qui n'était pas toujours simple. Leur lieu de vie ce qui était très compliqué et de chercher si les parents étaient décédés.

Au total cela représentait une cinquantaine de filles et de mères dans les arbres généalogiques HANRY-LAGOLL-LA FOLL (car certaines avaient plus de 40 ans et elles pouvaient avoir eu une fille).
Hélas, aucune de ces filles ne remplissait les 4 critères ! 3 filles en remplissaient 3, 4 en remplissaient 2 et 12 en remplissaient 1, mais une trentaine étaient éliminées !

Après 1 mois de plus de travail acharné d'analyse de ces résultats de la généalogie des 4 filles " HANRY" corrélée à l'acte d'abandon de la DDAS, je savais que ma mère était l'une de ces 19 filles, l'étau se resserrait mais je n'en étais que plus malheureuse de ne pas savoir, si près du but.

Je savais maintenant que ma mère ou ma grand-mère s'appelait:
LAGOC, LUMUIR, CEDARUT, LUHANAFF, LAFOLL, LAGOLL, PHILOPPE ou GUILLOSSOU.

Phase 10: Corréler cette liste restreinte avec le recensement des arrondissements de Paris de 1936 : ma mère était-elle PHILOPPE ?

A ce stade, mon fils entrepris pour la 3ème fois la lecture des milliers de pages du recensement des arrondissements du nord de Paris de 1936 à la recherche des filles portant l'un de ces noms.

Il trouva une fille PHILOPPE qui était bien l'une des descendantes de l'une des filles HANRY, elle habitait dans le 18ème, boulevard Rochechouart.

Ça y est, miracle, on avait trouvé, c'était elle et elle avait 25 ans.

Mais la joie fut de courte durée car malheureusement, la poursuite des recherches aboutit à trouver l'acte de décès de cette pauvre fille en juin 1936.
Il y avait donc au moins 2 cousines originaires de la région de "Troufigny-les-Oies" en Bretagne qui avaient habitaient dans le 18ème arrondissement à cette époque.

Lors de cette 3ème lecture du recensement du 18ème,19ème et 10ème, mon fils fit la liste de toutes les femmes originaires des Côtes-du-Nord nées entre 1900 et 1920 : il y avait bien une dizaine de CEDARUT, LAFOLL, LAGOC, LAGOLL, LUHANAFF et PHILOPPE parmi les 150 filles répondant à ces critères. Mais hormis PHILOPPE, aucune ne faisait partie de l'arbre généalogique des 4 filles "HANRY".

Alors, il décida de balayer à nouveau les actes de naissances de la région d'origine des filles "HANRY" et reprit tous les actes de naissance de filles portant l'un de ces noms de famille entre 1912 et 1920 des villages de CARNOET, DUAULT, BULAT-PESTIVIEN, CALANHEL, KERGRIST-MOELLOU, mais toujours rien, rien qui collait avec l'une des femmes du recensement.

Encore un mois de travail sans succès.

Comment réussir à réduire cette liste ? Comment affiner ? Quelle idée nouvelle pour réduire cette liste ?

Phase 11: Rechercher dans les actes de naissances entre 1910 et 1920 dans les arrondissements du nord de Paris et lister les filles portant les noms de famille potentiels de Bretagne.

La tentative suivante fut donc la recherche des naissances entre 1910 et 1920 dans les arrondissements du nord de Paris de filles portant l'un des noms de famille de la généalogie " HANRY-LAFOLL-LAGOLL" mon fils en trouva une bonne cinquantaine. Il y avait même une Madeleine HANRY et une Madeleine LAGOLL mais aucune de ces filles n'avait pour parents des personnes issues de l'arbre généalogique. Encore des semaines de passées sur une idée infructueuse.

Phase 12: Tenter d'élargir en remontant la généalogie avant les 4 filles " HANRY" et à d'autres villages plus éloignés du centre de la Bretagne.

Mon fils essaya de nouveau de remontée dans la généalogie des 4 filles " HANRY" et de leur époux pour essayer de trouver laquelle de cette famille était ma famille. Il retrouva d'autres liens à partir de la généalogie et des tests génétiques vers des familles PURCHUNTAI, GIGINE etc … mais rien qui ne permettait de retenir l'une des 4 branches plutôt qu'une autre.

Toujours pas résigné, mon fils reprit les recherches en élargissant les naissances à d'autres villages autour de CARNOET, ce fût SAINT-SERVAIS, LOCARN, mais toujours rien sur toutes de la région de CARNOET. Et puis, il y avait aussi le gêne GIGINE dont mon fils n'arrivait pas à trouver de correspondance avec les autres, bien que la généalogie GIGINE était de la région de CARNOET également, mais sans lien direct avec les HANRY-LAGOLL-LAFOLL.

Il cherchait à trouver un lien avec BROUT mais impossible de relier la région de RENNES avec celle de CARNOET, tout comme avec GIGINE. Peut-être des enfants illégitimes étaient nés dans ces généalogies ou peut-être pas.

Phase 13: La délivrance ... grâce à mes dizaines d'années de recherche et de collecte de Madeleine en tout lieu et en tout genre à Paris ... ma Mère est ...

Il restait toujours une bizarrerie, c'est le gêne BROUT dont l'une des branches généalogique était du côté de RENNES et plus précisément de SAINT-AUBIN d'AUBIGNE alors que les autres étaient CARNOET.

Il allait falloir que je me résigne à ne pas savoir que ma mère ou ma grand-mère s'appelait CUDARUT, LAGOC, LAFOLL, LA GOLL, LE HANOFF, LUMUIR ou GUILLOASSOU, et qu'elle était l'une des 19 filles les plus probables.

Il m'avait donné 8 noms de famille, j'épluchais vite mes archives afin de voir si ce nom s'y trouvait.

Et ce fut l'apothéose ! Le miracle se produisit, je n'oublierai jamais ce jour là.

J'étais dans un état d'excitation extrême, la boussole se mit à tourner dans tous les sens, je sentais qu'on était près du but, mon rythme cardiaque se mit à s'affoler, d'un seul coup tous les voyants qui étaient au rouge sont passés au vert.

En effet, je vois dans mes mariages de 1946, ce nom de GUILLOSSOU une Madeleine née en 1914, comptable, mariée dans le 17ème, tout correspondait, sauf l'âge.

Immédiatement, j'en fait part à mon gamin qui retrouva dans l'heure qui suivit l'acte de mariage :
Madeleine était née en 1914 à PEUMERIT dans les Côtes-du-Nord, elle était comptable, son père s'appelait Jules SIMON et sa mère Marie Josèphe GUILLOSSOU.

C'était bien l'une des 19 arrière petite filles potentielles des couples " HANRY-LAFOLL-LAGOLL ", ils vivaient à SAINT-AUBIN D'AUBIGNE à côté de RENNES, là où était né l'un des aïeuls de BROUT. C'était une certitude, les indices étaient tous là. Ce fut comme une baguette magique !

Je n'oublierais jamais ce jour là !

Le 8 Février 2022, il était exactement 23 heures 53, quand mon fiston m'appela et me dit :

" BINGO ! Nous avons trouvé !"

Madeleine SIMON, est TA MERE !

A 0h36, il retrouva son acte de naissance. A 1h02, il retrouva son acte de mariage dans le 17ème. Vers 2-3h, il retrouva tous les documents administratifs prouvant que Marie Josèphe GUILLOSSOU était bien l'une des petites filles de l'un des couples " HANRY-LAFOLL " et qu'elle s'était mariée à Argenteuil, en région parisienne, avec Jules SIMON

Un véritable festival ! Tous les voyants qui étaient au rouges se sont mis au verts à clignoter de tous les cotés dans mon cerveau en ébullition, c'était un vrai feu d'artifice ! J'étais bouleversée par tant de bonheur d'un seul coup.
Un bonheur intense tellement fort, tous nos efforts récompensés :

J'ai retrouvé MA MÈRE et MON PÈRE !

Comme ils sont beaux tous les deux !

La boucle est bouclée, mon calvaire est fini.
Cela a été un long chemin pleins d'embûches, mais j'y suis arrivé, ce moment est gravé pour toujours dans mon cœur.

Ça été le plus beau jour de ma vie, Il était tellement heureux mon fiston.

C'est grâce à lui si je l'ai trouvée, moi je n'y serais jamais parvenu et le détective non plus. Quel bonheur, un vrai miracle. Quant on pense qu'au départ je n'avais absolument rien sur elle, qu'un prénom, pas de nom de famille, une profession, son âge qui était faux, ses parents qui n'étaient pas décédés, c'est extraordinaire.

Le miracle s'est accompli, j'ai enfin retrouvé à 85 ans, mon père et ma mère ! Mais quand même détruite après un demi siècle de souffrances, de lutte pour y arriver, un combat acharné de tous les instants, mais maintenant quelle joie immense, je **SAIS** !

SAVOIR n'a pas de prix, il m'était intolérable de mourir sans savoir, je le désirais avec tellement de force que j'ai été exaucée.

Retrouver ma mère n'a pas de prix, je ne remercierais jamais assez mon gamin pour ce travail exceptionnel, si difficile qu'il a fait avec si peu d'éléments. J'aurai voulu être près de lui pour le serrer très fort sur mon cœur, ainsi que ma belle-fille qui suivait religieusement l'affaire, mais malheureusement, il était à Paris et moi dans le sud.

J'avais son acte de mariage, également sa signature, qui correspondait bien à celle de mon abandon, on était certain donc que c'était bien elle !

L'euphorie était à son comble, enfin je connaissais le nom de ma mère Madeleine SIMON.

Je savais par son acte de mariage en 1946, dans le 17ème qu'elle s'était mariée avec un sujet américain, elle était bien comptable, ses parents encore vivants contrairement à ce qu'elle avait déclaré lors de mon abandon. Je constate qu'elle avait bien ficelé son secret avec un seul prénom, le sien qu'elle m'a donné et sa profession, tout le reste était faux. Elle avait 22 ans et non 20 ans comme elle le prétendait et ses parents n'étaient pas décédés.

Le bonheur, la joie que nous avons ressenti tous les deux est impossible à décrire, je n'arrêtais pas de dire :

" Ce n'est pas possible, on y est arrivé, je sais maintenant qui est ma mère !"

Je riais, je pleurais en même temps, l'émotion était trop forte, il était tellement heureux et moi aussi.

Un véritable conte de Fées, il venait de m'arriver l'inimaginable, quelque chose d'invraisemblable, irrationnel, impensable, j'étais dans un état second, je ne peux pas y croire, je me sentais comparable à un joueur de loto qui depuis toujours espère gagner le gros lot sans y croire, sachant qu'on à une chance sur 20 millions d'y arriver et moi, mon "rêve" venait de se réaliser. La révélation était tellement soudaine et violente que je m'effondrais en larmes mais de bonheur cette fois.

A partir de ce moment là, tout s'est accéléré et alla très vite, ce fut une course effrénée pour en savoir davantage sur cette très belle histoire, J'ai eu beaucoup de chance d'avoir trouvée son acte de mariage car d'un seul coup j'ai obtenu pleins de renseignements, le nom de ses parents, sa profession et son lieu de domicile (mais faux apparemment car je ne l'ai pas retrouvé dans le recensement de 1946).

Avec son nom, sa date et lieu de naissance, ce fut un jeu d'enfant pour retrouver ses deux mariages avec des américains ainsi que son décès en 1972 aux USA.

Deux jours après, nous avions retrouvé les actes de naissance, de décès, livret militaire de mes grands parents.

Trois jours après, j'ai contacté une personne absolument charmante et dévouée au CPL de Cleveland aux États Unis, qui m'a apporté le jour même, toutes les infos nécessaires pour continuer. J'ai obtenu son premier mariage avec Jérôme à Paris, puis son second mariage en 1953 avec Thomas nous allions de surprises en surprise, mais très déçue d'apprendre que ma mère était décédée très jeune de complications dues à la tuberculose. Comment peut on encore mourir de tuberculose en 1972 ? Je pensais que cela se soignait très bien.

Nous avons découvert qu'elle a quitté Paris de suite en 1946, pour les États Unis avec son premier mari, nous avons découvert aussi que cela ne s'est pas bien passé avec sa belle mère qui ne l'aimait pas, sans doute une française qui vient lui prendre son fils unique, elle a même fait un procès contre elle. Ensuite, elle divorce et se remarie quelques années plus tard en 1953 et met au monde en 1954 une petite fille : "Marie Anne", ma demi-sœur.

5 jours après, je savais que ma mère s'était mariée deux fois, et avait eu une autre fille. C'était inimaginable, une semaine avant je ne savais rien. Je n'en revenais pas de la manière dont se déroulaient si rapidement les événements.

Madeleine est décédée très jeune, ce qui nous compliquait la tâche, le seul lien peut être encore vivant était donc ma demi-sœur que nous avons localisé dans l'Ohio, née en 1954 nos recherches se sont donc dirigées pour la retrouver.

Ayant réfléchi à ce que mon côté maternel venait des États-Unis, je dirigeais mes recherches sur le site internet de généalogie et contrairement à ce qu'on pensait cela a été assez facile, grâce à un concours de circonstances inimaginables, ma demi-sœur avait fait un test ADN environ un an auparavant sur ce site.

Lorsque j'ai vu ce pourcentage de 25 % avec M.C. , j'ai su que c'était ma demi-sœur.

Dans l'excitation des événements, mon gamin me dit :

" Ce n'est pas fini, maintenant, il faut contacter ta demi-sœur Américaine."

Ma demi-sœur américaine Marie Anne, comment la retrouver dans cet immense pays, les recherches de nouveau assez compliquées pour la retrouver, nous voulions tout savoir sur elle tout de suite, le suspens continue mais dans la joie, la délivrance de ce secret si bien gardé.

Ma mère bien sûr est décédée, par contre j'espère encore malgré mes 86 ans pouvoir encore profiter quelques années de ma demi-sœur.

Ce qui m'amène encore à me poser des questions :
- Comment va t-elle réagir ?
- Va t-elle m'accepter ?
- Le sais t-elle ?

Tout se bouscule dans ma tête, j'ai hâte de savoir, hâte de la rencontrer, c'est très stressant, j'ai peur.

Après, tout s'enchaîna rapidement, il fallait pouvoir la contacter.

Mon gamin à réussi à la retrouver. Cette fois, nous savions où elle habite, il ne reste plus qu'a essayer de la contacter. Une peur panique, comment faire, si loin en ne parlant pas la langue, comment lui annoncer cette nouvelle lorsque tant d'années se sont écoulées.

Il faut me jeter à l'eau quitte à être rejetée une seconde fois. Nous lui avons envoyé dans un premier temps un message sur un réseau social, comme je m'y attendais l'accueil fut plutôt froid, distant et surtout très septique, ce qui est tout à fait normal lorsqu'on apprend de brûle pourpoint sans ménagement une nouvelle aussi bouleversante.

Naturellement, comment peux t-on imaginer que cette mère qu'elle vénérait, dont elle fêtait chaque année son décès, cette mère ne peux pas avoir abandonné son enfant. Pour elle, c'était inconcevable et je suppose qu'elle ne m'a pas cru. Elle m'a avoué s'être renseigné auprès d'Ancestry pour en savoir plus sur moi. Cela a été d'autant plus difficile pour elle car en Amérique, elle a toujours vécu après le décès de sa mère, sans aucun lien avec sa famille maternelle, elle se retrouvait seule face à sa famille paternelle Irlandaise. C'est un peuple de surcroît très chrétien, comment imaginer l'abandon d'un enfant ?

Le dilemme pour elle pour accepter ces retrouvailles et le faire accepter à son entourage. Aucune parenté française car Marie Anne avait construit une grande famille par ses deux mariages étaient nés plusieurs enfants et petits enfants. Comment leur faire part de cette découverte et comment vont-ils le prendre ? Je suppose vu la réticence de Marie Anne que cela n'a pas du être facile. En outre, comme la parenté française était inexistante pour la soutenir, elle se trouvait bien seule et désemparée pour me répondre.

Nous imaginions bien qu'il semblait difficile d'accepter l'arrivée de cette petite française qui venait s'incruster aussi brutalement dans leur univers.

Cela a été encore plus dramatique pour elle qui venait juste une semaine auparavant de perdre son époux qu'elle adorait. Cette annonce aussi brutale qu'inattendue, alors qu'elle était en plein désarroi, lui a fait un choc épouvantable.

Nous avions fait une énorme gaffe.

Elle était très septique et je la comprends, mais on sentait que cela l'intriguait énormément et qu'elle voulait en savoir plus sur cette histoire.

Elle me demanda une photo et me transmis une photo de ma mère.

Je crois que ce qui l'a décidé à la convaincre et à la rassurer, c'est cette photo de moi lorsque j'avais environ 20 ans, l'âge qu'avait ma mère lorsqu'elle m'a abandonné. Ainsi que tous les renseignements sur mon identité pour lui donner confiance, la ressemblance était tellement flagrante qu'elle a compris que j'étais vraiment sa sœur. Cela ne faisait aucun doute.

Mais le choc fut quand même terrible pour elle, juste après la mort de son mari. Elle refusait en bloc tout mail, téléphone, les dialogues étaient très succins uniquement par l'intermédiaire d'un réseau social.

Elle n'avait que 17 ans lorsque sa mère est décédée et elle ignorait tout de son passé en France et également tout de mes grands parents en Bretagne, puisque Madeleine n'est jamais revenue en France, ce que j'appris ensuite.

Moi qui espérait tant de cette demi-sœur, je restais sur ma faim, sans oublier qu'elle ne parle pas Français et moi de même l'Anglais ou si peu.

Cela a duré encore plusieurs mois, je ne voulais pas la brusquer et les mails étaient assez rares d'autant plus qu'elle répondait que si je lui en envoyait un, et souvent très laconiquement par quelques phrases très courtes, mais j'avais l'impression qu'elle commençait à y croire.

Compte tenu de la distance et de la barrière de la langue, ce n'était pas la joie des retrouvailles. J'étais un peu déçue parce qu'elle ne savait absolument rien de la vie de sa mère en France et que personne d'autre pouvait m'en dire davantage. Il me semble quand même aberrant que cette fille unique ait coupé définitivement les ponts avec ses parents et qu'elle n'ai pas eu envie de revenir un jour en France surtout après le divorce de son premier époux.

Comment mes grands parents ont ils pu ignorer leur seule enfant pendant toutes ces années, surtout lorsqu'elle a été très malade de tuberculose et est décédée à 58 ans bien avant eux, et d'autant plus surprise de ce silence puisqu'ils avaient aussi une petite fille Marie Anne née en1954 lors du second mariage de ma mère en 1953.

Grâce à nos archives nous avons pu voir que Jules n'avait pas eu une enfance facile, ballotté de foyer en foyer il n'a pas été élevé par sa mère et de plus né de père inconnu, je m'imagine que lorsque Madeleine m'a abandonné, cela lui a rappelé trop de souvenirs et il n'a pas supporté de revivre tout cela. Il a renié sa fille et Marie Josèphe a suivi car son époux d'après ce que j'ai pu entendre était très dur et très autoritaire, il fallait marcher droit.

A ce jour, tout le monde est décédé ou presque, il ne me reste personne pour m'apporter des réponses à ce mystère.

Alors j'ai décidé de continuer mon combat pour rechercher la vérité, pour retrouver cette lacune. Essayer de connaître la vie de ma mère de 1936 à 1946 lorsqu'elle était à Paris, absolument rien sur les recensements de l'époque, j'ignore tout de cette période de ma naissance et de la guerre, c'est justement là que les liens familiaux ont été rompus, mais pourquoi ? Probablement à cause de cette grossesse, mais la rupture venait-elle de ma mère ou de mes grands parents ?

J'ai besoin absolument de savoir ce qui s'est vraiment passé au moment de ma naissance ?

Grâce à une association de Rennes, j'ai eu la chance de recevoir tout le parcours scolaire de Madeleine jusqu'en 1936.

Après sa naissance pendant la guerre en 1914, Jules était prisonnier et quand il est revenu de la guerre, il était gazé comme beaucoup de ses compatriotes, Marie Joseph a été contrainte de placer la petite qui avait 4 ans en pension.

Mes grands parents habitaient à cette époque à Saint-Aubin d'Aubigné, près de Rennes,

C'est à Rennes, en pension, que je retrouve Madeleine faisant ses études à l'École Primaire Supérieure de filles depuis 1929, elle avait 15 ans.

C'est la raison pour laquelle on ne la retrouve que dans le recensement de 1926 à Saint Aubin. En 1911 et 1921 mes grands parents résidaient à Chaville en banlieue parisienne 14 grande rue.

C'est vers les années 1930 que mes grands parents ont élevés également leurs deux nièces Gilberte et Geneviève, nées respectivement en 1927 et 1928.

Puis, je retrouve ensuite Madeleine à Rennes, elle a changé d'école et elle est après cette date en 1932 et 1933 à l'École Notre Dame du Sacré Cœur où elle obtient une bourse.

C'est après cette date qu'elle arrive à Paris vers le mois de Juin 1935 pour entrer à l'Institut Professionnel Féminin de Paris, 64 rue du rocher 75008. Elle était pensionnaire, c'est sans doute la raison pour laquelle je ne l'ai pas retrouvé dans le recensement de 1936.

Madeleine est sortie de l'Institut Professionnel Féminin en juin 1936 avec un diplôme de comptabilité, elle y est répertoriée sur Gallica avec ses 5 camarades de classe que j'essaie de retrouver car Madeleine était déjà enceinte en sortant de l'école.

En outre, cette école assez prestigieuse je crois pour l'époque, avait charge de placer leurs élèves en vue d'un travail d'ordre souvent dans un organisme d'état. A ce jour je n'ai pas réussi à retrouver où elle a pu être placée.

Et c'est à partir de ce moment là que je perds toute trace de Madeleine jusqu'à son départ de Paris en 1946.

Quant à mes grands parents ils avaient déménagé pour aller s'installer rue Saint Médard à Saint Aubin d'Aubigné. Une très jolie maison que Jules, qui été maçon, a construit de ses mains, c'est à cette adresse vers les années 1935 ou 1936, qu'ils ont encore élevés deux autres enfants de l'Assistance Publique, Édith 4 ans et Luc 6 ans ainsi qu'un neveu Robert né en 1932 à Sèvres.

Tout cela est quand même très curieux, quand on pense qu'ils ont coupé le cordon ombilical avec leur fille et en revanche élevé tous ces enfants.

Pourquoi ?

Ce devait être de braves gens au grand cœur, pour se dévouer comme ils l'ont fait pour ces petits bambins malheureux.

C'est incompréhensible !

J'ai besoin d'en savoir plus sur ma mère sur les dix autres années passées à Paris, je voudrais au moins retrouver quelqu'un qui l'a bien connue :
- Comment vivait elle ?
- Qu'elle était sa vie ?
- Ses rêves, ses amis, ses relations ?
- Où vivait-elle à cette époque et avec qui ?
- Quel caractère avait -elle ?
- Était-ce une jeune femme, gaie, rieuse ou bien triste ?
- Avait-elle un amoureux ?
- Que faisait-elle de son temps ?
- Qu'aimait-elle faire ?
- Parlait-elle de moi ?

Je ne sais absolument rien d'elle et personne pour m'en donner, c'est le trou noir.

Cela faisait bientôt une année que l'on correspondait par internet, avec Marie Anne, je l'avais invité à venir chez moi, mais elle avait dans un premier temps refusé. La vie américaine n'est pas celle de la France et à 68 ans Marie Anne est encore obligée de travailler pour avoir une retraite correcte. Elle m'appris qu'elle était employée dans une agence immobilière et je pense que ce n'est pas de tout repos et les congés sont limités. En outre, sa nombreuse famille surtout ses petits enfants qu'elle adorent l'occupent énormément.

Mais elle était très intriguée et voulait quand même me voir, et ce fut une joie immense lorsqu'elle m'annonça son arrivée en Août 2023, mais juste pour quelques jours. Pour un si long voyage quel dommage !

Elle est donc arrivée un beau jour ensoleillé du moi d'août avec sa petite fille d'une vingtaine d'années qui s'appelait aussi Madeleine comme sa grand mère et comme moi.

CHAPITRE XXXI

L' ARRIVEE DE MARIE ANNE

Cependant, elle était très intriguée et je pense qu'elle voulait quand même en savoir plus sur moi, car un beau jour, elle m'annonça qu'elle allait venir me voir en France.

Ce fut une grande surprise et une grande joie à l'idée de la voir, de lui parler de vive voix. Je lui ai demandé de venir au moins une semaine, j'avais tant de choses à lui dire.

Elle avait prévu de ne venir avec sa petite fille âgée d'une vingtaine d'années, qui s'appelait Madeleine comme sa grand mère et comme moi aussi, mais on l'appelait Maddie.

Malheureusement, au lieu d'une semaine, elle m'annonça qu'elle viendrait que quelques jours, compte tenu des impératifs dus à son travail, les congés sont très restreints aux États-Unis, mais aussi à cause des études de sa petite fille.

C'est bien dommage de faire un si long voyage pour quelques jours, mais enfin l'essentiel est de la voir.

Je lui avais proposé de venir plus longtemps pour qu'elle nous accompagne dans notre projet de voyage en Bretagne que nous avions programmé pour le mois de juin. Mais compte tenu de ses disponibilités et des frais engagés pour ce voyage, elle n'a pas souhaité y aller.
Pour elle deux, ce fut un voyage fabuleux de venir en France, les

Américains adorent la France, ce voyage a représenté quelque chose d'inoubliable, exceptionnel, fantastique car elles n'avaient jamais pris l'avion aussi loin.

Pour lui éviter des frais, mais aussi la voir un peu plus longtemps, je lui avais suggérer de venir la voir dans l'Ohio, d'une part pour la voir un peu plus longtemps, mais aussi j'aimerais aller sur la tombe de ma mère, je n'avais pas envie de m'incruster chez elle et j'avais prévue de réserver un hôtel à proximité, mais apparemment, c'est encore un peu tendu du coté paternel.

Malheureusement, je ne pouvais les coucher dans mon logement, alors depuis les États-Unis elle avait déjà tout réservé hôtel et train, mais en se trompant, au lieu de Cannes, elle avait pris sur Nice, soit à 30 km de chez moi !
Une catastrophe.

Quand le jour **J** arriva, j'étais très fébrile, j'avais peur car je m'attendais à voir une jeune femme assez distante. Ce ne fut pas le cas, bien au contraire, le contact fut immédiat.

Nous les attendions à la gare de Cannes, mais elle se sont encore trompées, ce n'est pas facile lorsqu'on ne parle pas Français, c'est dans une autre gare très proche qu'on a pu aller les retrouver.
Lorsqu'elle m'a vu elle a eu cette réaction et dit :

"Je crois voir ma mère ! C'est la même démarche !"

Nous sommes tombés dans les bras l'une de l'autre. J'étais très émue et elles aussi je crois.

Quelle ne fut pas ma surprise, car lors de nos échanges sur internet, elle m'apparaissait plutôt réservée, pas très affectueuse, pas de bisous dans ses messages, ni de petits mots affectueux et là ce fut tellement intense, très chaleureux, on s'embrassait sans arrêt, j'avais le sentiment qu'elle était vraiment heureuse de me voir.

Ce n'était pas du tout la jeune femme que je m'imaginais un peu froide. Le feeling fut immédiat, même la barrière de la langue ne nous gênait presque pas, nous nous servions du téléphone pour la traduction, mais quel bonheur, c'était super, nous avions l'impression de se connaître depuis toujours.

Marie Anne n'était pas venue les mains vides, elle m'apporta un petit présent qui m'a beaucoup touché, une petite statuette représentant les deux Sisters, c'était vraiment très émouvant. Mais elle est venue aussi avec un très gros album de photos, de suite Bernard a scanné toutes ces photos que nous avons mis ensuite dans notre album.

Dans cet album il y avait beaucoup de personnages, il y avait la photo de ma grand-mère, une très jolie femme, elle était vraiment très belle et distinguée, ses cheveux bruns étaient ramenés vers l'arrière sur la nuque, c'était une photo d'identité mais l'on voyait très bien qu'elle portait un joli chemisier blanc de très belle coupe, elle avait de la classe.

Il y avait aussi, bien sûr des photos de Madeleine, beaucoup de photos. Je pense que ma mère aimait beaucoup se faire photographier, car ce qui nous a intrigué c'est quelle posait toujours seule surtout beaucoup de photos dans Paris, mais ce que l'on trouvait très bizarre c'est qu'elle était toujours seule et l'on se demandait qui pouvait bien prendre ces photos. Il n'y avait jamais de photos d'intérieur, en général cela se passait toujours à l'extérieur, souvent dans les jardins publics ou les monuments de Paris, comme si elle se comportait en touriste.

Il y avait aussi beaucoup de photos d'elle durant son enfance ainsi que pendant sa scolarité à Rennes avec ses camarades d'école, mais le plus surprenant fut de voir des personnages étrangers que l'on a identifié, sans certitude, comme étant, de nationalité Allemande, Autrichienne ou Hollandaise, cela semblait être en période de guerre en France.

Il y avait un beau militaire dont on ignorait également qui cela pouvait être, et puis ce beau jeune homme blond vêtu d'un tee shirt blanc au logo hollandais. Nous nous demandions si l'un des deux aurait pu être son amoureux pendant ces dix années à Paris ?

Mais le surprenant, fut de voir deux avions, l'un un Potez 25 A 2 appartenant à l'école de l'Air de 1934 à 1937 à Salon de Provence, quant au second, qui est un négatif, il s'agirait, d'un Foker des années 1930 à 1932 avion hollandais immatriculé en Allemagne.
Quel lien pouvait-il y avoir entre ces avions et ces personnages

inconnus ? Nous étions très perplexes, cela nous paraissait surprenant, car il n'y avait apparemment aucun lien de parenté familiale avec ces personnes. Que de mystère, pourquoi ces photos ?

Et aussi très étonnés de voir que dans l'album de Marie Anne, il n'y avait aucune photo de son père ou de sa mère, à part ces deux photos d'identité de Jules et de Marie Joseph, mais très anciennes, en vue certainement d'une pièce administrative.

Marie Anne, nous a donné ces photos qui appartenait à sa mère, mais ignorait totalement tout de leur contenu, je ne comprends pas pourquoi elle n'a jamais cherché à savoir qui étaient toutes ces personnages mystérieux, qui avaient connu notre mère, amis, ou relations qui étaient certainement de bons souvenirs de sa vie parisienne et qui semblaient très proches.

Comment savoir, que faisaient toutes ces personnes qui ont côtoyé ma mère et ces avions, d'autant plus que parait-il ma mère avait une peur bleue de monter dans un avion ! D'ailleurs c'est par bateau qu'elle s'est rendue aux États-Unis

Nous avons aussi été surpris de voir que Madeleine était toujours très élégante, elle portait des toilettes très luxueuses, des fourrures, alors que le salaire d'une comptable à cette époque représentait à peine un SMIC.

D'après ma demi-sœur, Madeleine était très silencieuse sur sa vie parisienne, et pour cause ! Elle n'a jamais abordée son passé.

Elles ne sont restées que 3 jours, cela a été vraiment trop court, nous avons été un peu déçu de ne pouvoir les voir que de 11 h à 17 h, très trustant, d'autant plus que sa petite fille a été malade une journée complète avec une très forte migraine, elle a du rester dans le noir et au lit toute la journée. En réalité je ne les ai vu qu'une journée et demi.

Nous avons juste eu le temps le dernier jour d'aller faire une promenade en voiture pour leur montrer notre région qui est magnifique.

Nous avons bien sur pris des photos, et nous avons même eu le temps de téléphoner à Jacqueline, la fille de Marie Anne et mère de Maddie.

J'ai pu parler avec elle au téléphone, c'est une jeune femme charmante, elle tient un restaurant à Colombus et elle est mariée avec un Italien. J'espère aller la voir bientôt. Puis j'ai parlé aussi avec le petit copain de Maddie, il s'appelle Rayan, il a l'air vraiment sympa, il était content de me parler et m'a dit qu'il serait heureux de venir en France. J'ai déjà donc pris connaissance de cette petite famille vraiment très adorable.

Même si le séjour a été ultra court, c'était merveilleux de la voir en vrai, de lui parler, de s'embrasser. Elle était très contente et sa petite file aussi très chaleureuse.

Nous avons beaucoup parlé, beaucoup ri, j'avais tellement de choses à lui dire et à lui montrer essentiellement l'acte d'abandon de notre mère, test ADN, et justificatifs.

Je fus déçue de ne pas en savoir davantage, déçue de ne pas savoir ce qui s'est passé réellement, déçue de ne pas connaître sa vie à Paris.

Elle est repartie aussi vite qu'elle est arrivée, mais je l'ai vue, j'ai son visage gravée dans mon cœur, et des souvenirs pleins la tète, nous correspondons régulièrement sur Facebook, c'est assez compliqué à cause de la langue, mais ça va.

Elle est super gentille et très attentionnée, à Noël j'ai eu la joie de recevoir un joli cadeau, cela m'a fait un grand plaisir.

Cette rencontre avec ma demi-sœur est inoubliable avec beaucoup d'émotions intenses comme surréalistes.

Marie Anne est âgée de 68 ans et n'a pas eu une vie facile, elle adorait son mari, malheureusement celui-ci était malade depuis longtemps et c'est elle seule qui l'a soigné pendant de longues années de la maladie d'Alzheimer. Elle a été très courageuse ne bénéficiant d'aucune aide de l'État Américain. C'est pourquoi à ce jour elle est encore obligée de travailler pour avoir une retraite décente.

Son époux était d'origine Irlandaise. Je suppose que la famille ne devait pas trop l'encourager à connaître ses ancêtres français c'est la raison de sa réticence dans nos premiers contacts.

C'est une femme très jolie et très active surtout auprès de ses enfants et petits enfants Irlandais, mais rien, aucun lien depuis son enfance avec son coté maternel.

C'est pour cela qu'un jour de 2017, elle décida de faire également un test ADN sur Ancestry, et c'est grâce justement à son test que je l'ai retrouvé.

J'attends l'autorisation pour venir dans l'Ohio, cette magnifique région des grands lacs qui doit être superbe que j'ai hâte de découvrir. Je ne désespère pas d'y aller, certainement au printemps prochain.

CHAPITRE XXXII

LE VOYAGE EN BRETAGNE

Après ces retrouvailles avec Marie Anne, il me restait d'autres retrouvailles à faire en Bretagne, des cousins éloignés, mais très chaleureux et qui attendaient ma visite.

Cela fait plus d'une année que nous correspondons, avec Raymond, Yvon et sa sœur Anne, et récemment je leur ai demandé si je pouvais venir les voir. Ils ont accepté de suite et nous avons mon fiston et moi commencé à étudier quand et comment y aller.

Nous décidâmes mon gamin et moi d'y aller en juin, à cause du climat et les journées sont plus longues, un vaste programme fut étudié car je voulais voir cette petite partie de ma famille mais aussi, aller sur la tombe de mes grands parents, retrouver la famille HANRY, les enfants qu'avaient élevés mes grands parents, aller voir la maison de mes ancêtres.

Un séjour de 7 jours, assez fatiguant à cause des distances. Nous avons du parcourir 4 départements : Saint Aubin d'Aubigné en Île et Vilaine, Morlaix dans le Finistère, Avranches dans la Manche, et Peumerit-Quentin dans les Côtes d'Armor.

Mon fils était très attaché à cette recherche qui l'avait tenu en haleine de nombreux mois et c'est donc lui et ma belle fille qui m'ont accompagné en Bretagne avec mon époux.

Nous avions sélectionné plusieurs tâches, un programme très chargé, les quatre premiers furent pour des recherches afin de retrouver deux enfants qu'avaient élevés mes grands parents Luc et Édith, deux enfants de parents très pauvres, tellement pauvres qu'ils ne pouvaient les élever.

A cette époque il était courant de rencontrer cette situation, nous savions qu'il y avait une descendance et quelques pistes pour les retrouver.

Nous avons commencé par la tombe de Jules et de Marie Joseph et quelle ne fut pas notre surprise de voir la tombe fleurie et très bien entretenue avec cette épitaphe :

"En souvenir du temps passé à mes grands parents !"

Qu'est ce cela voulait dire ? On y comprenait rien ! Il n'y avait que deux petites filles, Marie Anne et moi !

Mon fils me dit :

"Madeleine a eu un autre enfant !"

Je lui réponds :

"Mais non c'est impossible."

Et surtout ce qui nous intriguait le plus c'est que la tombe était nickel, pleins de fleurs fraîches.

Qui donc entretenait la tombe ?

Il fallait qu'on trouve !

Pour le savoir non fils s'est rendu à la marie voir la personne qui s'occupait de la concession, nous avons été accueilli par un monsieur charmant qui nous apprit qu'une certaine personne venait régulièrement sur la tombe. Il refusa dans un premier temps de nous donner ses coordonnées sans son autorisation.

Quelle ne fut pas notre surprise, c'est Marie Claire qui nous rappela, la fille d'Édith HANRY qu'avait élevé mes grands parents. Elle fut comme nous bouleversée par cette nouvelle et sur le champ accepta de nous rencontrer.

Une jeune femme très attachante, très humaine et qui m'apporta des petits souvenirs concernant Marie Joseph. J'étais très émue, elle considérait mes grands parents comme les siens. Elle admirait et adorait ma grand mère. Cela lui a fait un choc de s'apercevoir qu'on lui avait menti pendant des années, un secret très bien gardé et enfoui pour toujours.

Elle était venue avec son époux et son fils, elle nous a plu de suite, on a compris qu'elle avait beaucoup souffert ainsi que son frère Luc du manque de tendresse des ses parents, elle était à la retraite depuis peu de son métier d'infirmière qui lui allait à ravir car c'est une femme toujours prête à aider son prochain, généreuse.

Nous avons découvert que mes grands parents ont pris en charge beaucoup d'autres enfants en dehors de Luc et d'Édith, notamment en 1931 apparaît sur le recensement de Saint Aubin, quartier de la Providence, deux nièces Gilberte et Geneviève, puis de nouveau en 1936 un neveu nommé Robert dont on ne connaît presque rien, aucune trace après son second mariage en 1972 à Plouha.

Pourquoi Marie Joseph et jules ont-ils pris en charge tous ces enfants, alors qu'ils avaient coupé tout lien avec leur propre fille unique, ceci n'est pas logique si ce n'est un fait très grave.

Il faut avoir un grand cœur pour élever tous ces gamins, ou alors est-ce pour reporter sur ces enfants l'affection qu'ils n'avaient pas donnée à leur fille.

Jules était un bel homme, j'ai eu la chance d'obtenir par mon cousin Raymond une photo de lui lorsqu'il fut à l'armée, il avait fier allure dans son habit de militaire, il était très beau, des yeux bruns aux reflets gris anthracite, dans un visage plutôt rond, une magnifique moustache très touffue en crocs, taillée en pointes avec les extrémités recourbées comme on faisait en 1900, une moustache à la Hercule Poirot qui lui allait à merveille.

Nous avons pu grâce à certains documents relevés sur internet, savoir qu'il n'avait pas eu une vie facile non plus, ses parents étaient très pauvres, obligés de le confier à la DDASS, ce qui était très souvent le cas en cette période d'avant guerres. Ce pauvre gamin a été ballotté de foyers d'accueil en foyers d'accueil et souvent mal nourri, maltraité, l'obligeant à travailler comme un esclave pour les travaux difficiles des champs.

Cela explique peut être pourquoi il était aussi cruel et dur avec sa fille, dont il ne voulait pas qu'elle subisse le même sort que lui. Il a voulu pour elle et a fait certainement des sacrifices pour qu' elle fasse de belles études, peu de gens pouvaient se le permettre d'accorder cette chance à leurs enfants. Madeleine a eu beaucoup de chance d'autant plus difficile en période de guerre.

Quand Jules revint de la guerre il était gazé, Madeleine a été placé en pensionnat, à cause des gaz toxiques. Elle ne voyait ses parents que pendant les vacance et à Noël car les transports étaient très limités. Je pense qu'à cause de cela, elle a souffert du manque d'affection de ses parents.

Mais la question qui me taraude, pourquoi cet homme qui a eu une enfance très malheureuse à cause de la DSASS n'a t-il pas essayé de me reprendre s'il connaissait mon existence ?

D'après quelques infos glanées ici ou là et d'après ma demi-sœur, mon grand père étai très dur.

Quant à Marie Joseph elle était aimée de tout le monde. La photo de l'album, très ancienne, une photo d'identité, montre que c'était une très belle femme, un visage très doux aux yeux de la couleur des noisettes au printemps, une petite femme d'après Raymond très nerveuse, toujours très active, jamais fatiguée même à 80 ans. Selon les dires de Marie Claire, elle était toujours habillée de noir avec un tablier par dessus, elle n'a jamais dévoilé à qui que ce soit son lourd secret, mais paraît-il, elle restait des heures devant la fenêtre, toujours très pensive, on avait l'impression qu'elle attendait toujours quelqu'un.

Puis, je voulais voir la maison qu'habitaient mes grands parents à Saint-Aubin d'Aubigné, cette maison avait été construite par mon grand père qui était maçon, elle a été racheté par un membre de la famille si j'ai bien compris par Odette. J'étais très émue devant cette belle battisse, elle était grande plusieurs pièces au rez de chaussée surmontée d'un étage et sur le coté de cette propriété un très grand terrain planté d'arbres. Elle avait du être rénovée je suppose car elle était en parfait état. Malheureusement les habitants étaient absents et nous avons dû rebrousser chemin. Je regrette beaucoup car j'aurais aimé faire leur connaissance.

Ensuite le parcours s'enchaîna à la rencontre de Yvon et Danièle son épouse, puis de Anne sa sœur à Peumerit, Anne étant veuve, elle nous rejoignit chez Yvon, ils habitent une très jolie maison aux volets bleus pas loin du centre de ce petit village de 300 âmes.

L'accueil formidable, avec multitudes de photos souvenirs, ce fut un moment mémorable par tant de gentillesse, ambiance chaleureuse devant les documents que je leur montraient.
Cela était très émouvant.

Nous avons rencontrés des gens simples comme il y en a beaucoup dans ces petits villages retirés, des gens au grand cœur qui me rappelaient la vie de mon enfance dans le Pas-de-Calais. Nous sommes restés que très peu de temps mais suffisamment pour voir que cette petite famille était très unie pleine de gentillesse devant cette femme qui débarquait sans tambour ni trompette chez eux, Anne me dit :

"J'ai acheté ton livre et je l'ai lu deux fois !"

Elle connaissait déjà tout mon parcours, toute ma vie. Une bouteille de vin et quelques biscuits pour fêter ces retrouvailles c'était vraiment super.

Nous avions déjà fait un long chemin en voiture environ 3000 km mes enfants étaient fatigués par la chaleur, car cette semaine là il fait très beau en Bretagne, contrairement à tout ce que l'on dit, la chance nous accompagnait c'était plus agréable avec le soleil.

Mais le périple n'était pas terminé, nous avions rendez vous le lendemain avec Raymond et Marie Josée dans ce petit village de Kermahellan près de Morlaix, ils habitaient une jolie petite maison, et dès notre arrivée, nous avons vu qu'ils nous attendaient avec impatience devant leur porte. Raymond a l'âge de mon époux 75 ans, c'est un homme plutôt discret, calme, un peu réservé mais attentif à notre dialogue, par contre Marie Josée une femme très dynamique, joviale, le contact fut immédiat. Naturellement on parla beaucoup de cette découverte, un accueil très chaleureux suivi de vin et petits gâteaux.

Malheureusement, ce sont des arrière petits cousins un peu éloignés parmi cette grande famille de 9 enfants et ils n'ont pas pu me fournir de renseignements au sujet de mes grands parents ou de ma mère.

J'étais à la fois un peu déçue et comblée.

Ce que je n'arrive pas à comprendre, comment pendant ces 25 années de vie aux États-Unis, il y a bien eu ne serait-ce des courriers, au moins pendant les fêtes, anniversaires, Noël, comment se fait-il que ma demi-sœur n'aie rien de tout ça.

Pleins de choses reste à éclaircir, le mystère reste entier, je ne saurais sans doute jamais rien, que ce soit d'un côté ou de l'autre, aucun des deux n'a parlé. Je ne me décourage pas, je suis une battante et je continue.

L'essentiel pour moi aujourd'hui est de savoir qui je suis, de savoir comment je m'appelle, d'où je viens, d'avoir retrouvé une identité, le reste a une moindre importance. Je peux comme tout le monde parler de ma famille, de ma région, retrouver ma dignité, ne plus me sentir mutilée, j'ai retrouvé la partie manquante de moi-même, je peux sortir la tête haute sans tabou, ne plus être cette pauvre fille abandonnée, non désirée, maintenant j'existe, je suis comme tout le monde j'ai une famille un père et une mère.

Je suis maintenant une fille "normale"

C'est une renaissance, une deuxième vie, comme si je venais au monde. J'ai repris confiance en moi, je m'autorise de nouveau à exister, cette nouvelle vie m'apparaît plus douce, plus calme, reposante, pleine de joies et de bonheur retrouvés, je suis libérée d'un grand poids qui m'oppressait la poitrine, je peux enfin respirer sans avoir peur de mes angoisses.

Sachant tout ça, je vais essayer de me reconstruire, même si je ne peux rattraper le temps perdu, je vais me rapprocher de mes deux demi-sœurs qui par chance sont en France et qui m'ont accueilli dans la joie et l'allégresse, et tendre la main à ma demi-sœur Américaine pour l'apprivoiser. Mais aussi me rapprocher auprès de ceux que j'aime le plus mes enfants et petits enfants que j'ai trop souvent délaissés à cause de cette obsession maladive à retrouver mes origines.

A ce jour, il ne se passe pas un seul jour ou je ne pense encore à maman, je ne peux évoquer son nom sans me mettre à pleurer et avoir mal dans la poitrine. Toutefois, les cauchemars s'estompent tout doucement, ils ont presque disparus et surtout moins violents. Je sais que je ne suis pas guérie, on ne guérie jamais d'un traumatisme aussi important.

Je ne pense plus à la mort, je veux vivre !

C'est une magnifique histoire, un événement inespéré à mon âge, je suis heureuse et comblée, même si cela est compliqué du côté Américain, je n'ai pas été rejetée, pas rejetée non plus par mes deux demi-sœurs côté paternel, qui m'ont acceptées chaleureusement dans une ambiance festive, émouvante, ce dont je les remercie profondément.

Je tiens à remercier aussi mon fils aîné, car sans lui, je n'aurais jamais retrouvé ma famille, il s'est donné beaucoup de mal, il a travaillé méthodiquement sans relâche durant presque deux années, alors que moi je travaillais très mal tout azimut, et ce fut la victoire.

Je n'oublierais jamais ce 4 février 2022, le plus beau jour de ma vie !

Bien sûr, trop de temps s'est écoulé pour ces retrouvailles, cela me laisse un goût amer d'inachevé car mes grands parents et parents naturellement sont décédés emmenant avec eux leur lourd secret, et malheureusement pour moi, ils n'ont laissé aucune trace de ma naissance.

Je constate aujourd'hui, d'une part que mes grands parents savaient bien que j'existais, puisqu'ils ont renié leur fille unique. Ils n'ont jamais essayé de me retrouver, et ma mère a fait de même. Elle n'a jamais éprouvé le besoin de me contacter. Je dois en conclure que pour eux je n'ai jamais existé ? Une chose insignifiante que l'on a jeté sans regrets, ni remords, la déception est grande et mes illusions envolées.

Tant que je ne saurais pas le pourquoi du comment, dois-je les condamner ou leur pardonner ?

Quoiqu'il en soit, aujourd'hui, je ne me sens plus redevable, je suis libre. J'ai retrouvé un peu de sérénité, je suis beaucoup plus apaisée et tellement heureuse, je vais enfin pouvoir profiter de ceux qui m'entourent qui m'aiment, que j'aime par dessus tout et oublier ce terrible passé et ma condition d'infériorité qui m'a poursuivit ma vie entière.

Je vais enfin tourner la page, aller vers l'avenir, ce qui m'en reste.

Je connais à ce jour mes parents, j'ai retrouvé une identité, je peux aujourd'hui mettre un nom sur les visages de ma mère et de mon père.

Une nouvelle vie commence !

Ce livre est dédié :

À ma pauvre maman, ma vraie maman, je voulais lui rendre hommage pour s'être sacrifiée toute sa vie à bien m'élever. Elle me manque terriblement.
Merci, Maman je t'aime !

Je voudrais aussi remercier toutes ces personnes qui tout au long de ma vie ont essayé de m'aider sans y parvenir.

Et dire à ceux qui sont comme moi désespérés, ne baissez jamais les bras, j'y suis arrivé à 86 ans, pourquoi pas vous ?